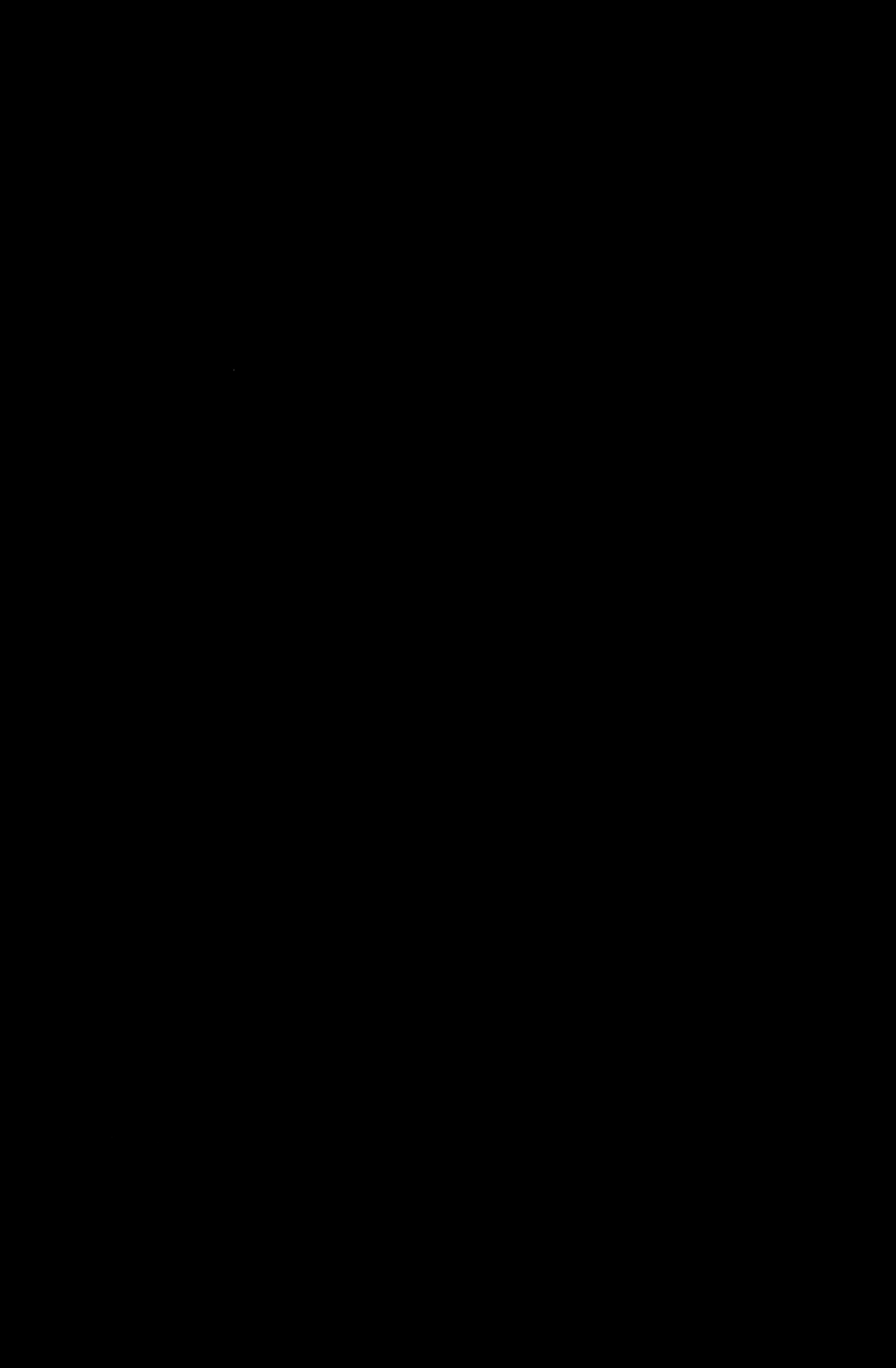

일본어 독해력 완성 프로그램
다락원 일한 대역문고

초급 2

일본 초등학교 2학년 국어교과서선

日本の小学校2年生の国語教科書選

武鹿悦子・はたちよしこ・佐々木たづ・後藤竜二・寺村輝夫・安藤美紀夫 著 | 김옥임・배송 訳註

다락원

머리말

『다락원 일한 대역문고』 초급 시리즈는 기초가 약한 학습자들이 일본어 명문들을 즐겁고 효과적으로 읽으며 중급 수준으로 독해력을 발전시키는 것을 목표로 만들었습니다.

어느 정도 일본어의 구조를 익히고 난 초보 학습자가 가장 절실히 느끼는 어려움은 아마도 자연스런 일본어 표현능력과 어휘력의 부족일 것입니다. 초급에서 단문(短文)의 기본문형 연습만 하다가 갑자기 복문(複文), 중급 문형, 관용구 등이 속출하는 중급 교재로 건너뛰면서 학습에 흥미를 잃고 마는 것이 지금까지 일반 학습자들이 밟아온 전철이었기 때문입니다.

그런 점에서 현행 일본 초등학교 국어 교과서에 실린 명문을 비롯한 옛날이야기, 만담, 신화 등 다양한 장르의 이야기들로 구성된 『다락원 일한 대역문고』 시리즈는 쉽고 재미있게, 정확하고 자연스러운 일본어 문장을 익히는 데 좋은 길잡이가 되어 줄 것입니다.

『다락원 일한 대역문고』 시리즈는 사전 없이 편리하게 학습할 수 있도록, 어휘 풀이는 물론 주요 문형에 대한 자세한 해설과 예문을 함께 실었습니다. 본문의 대역은 어휘의 정확한 뜻 전달을 위해 의역(意譯)보다는 직역(直譯)에 가깝도록 했고, 원어민의 정확한 발음으로 녹음된 오디오로 듣기 능력 향상까지 함께 기대할 수 있습니다. 『다락원 일한 대역문고』 시리즈로 일본어를 읽고 듣는 재미를 느껴보시기 바랍니다.

여러분의 일본어 학습에 도움이 되기를 바랍니다.

다락원 일한 대역문고 연구회

『다락원 일한 대역문고』 이렇게 보세요

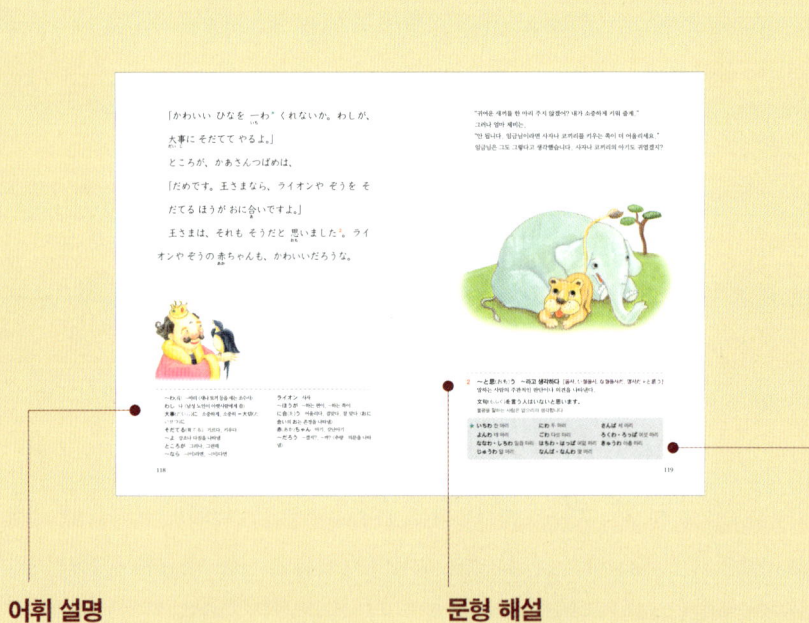

어휘 설명
자세한 해설과 함께, 히라가나로 실린 단어 중 한자를 알아두면 좋은 어휘에는 한자 표기를 병기했습니다.
사진 자료는 어휘 해설에 대한 빠르고 정확한 이해를 도와줍니다.

문형 해설
주요 문형의 뜻풀이와 접속을 예문과 함께 알기 쉽게 정리했습니다.

보충 해설
내용 이해와 문법적인 접속 이해를 도와줍니다.

일러두기
일본어의 한국어 표기는 다음과 같습니다.
장음은 단음으로 표기했습니다. 예 大阪 — 오사카
발음 표기는 로마자 표기의 발음에 따랐습니다. 예 つかう (tsukau) — 츠카우
촉음 은 'ㅅ'으로 표기했습니다.

CHECK UP
내용 이해와 더불어 중요 문형에 대한 학습이 깊어집니다.

MP3 파일
원어민 성우의 정확한 내레이션으로 듣는 즐거움도 쌓으세요.

문형 접속 해설에 쓰인 활용형의 설명은 다음과 같습니다.
ます형(연용형) — ます가 붙기 이전의 형태
ない형(부정형) — ない가 붙기 이전의 형태
て형・た형(과거형) — 각각 て・た가 붙은 형태
な형용사な・명사の — な형용사의 어간에 な가 붙은 형태, 명사에 の가 붙은 형태
동사・い형용사・な형용사의 기본형 — 동사・い형용사는 사전에 실려 있는 형태, な형용사는 어간에 だ가 붙은 형태
보통형 — 기본형, 부정형, 과거형, 과거부정형

목차

● **TRACK 1** 죽순이 쑤욱
たけのこ ぐん | 武鹿悦子
　　　　　　　　ぶしかえつこ　　　　　　　　10

● **TRACK 2** 바람
風 | はたちよしこ　　　　　　　　14
かぜ

● **TRACK 3** 봄 소식
春の おつかい | 佐々木たづ　　　　　　　　18
はる　　　　　　　　ささき

● **TRACK 4** 풀빛 목도리
草色の マフラー | 後藤竜二　　　　　　　　36
くさ いろ　　　　　　　　ごとうりゅうじ

◎ **TRACK 5** 고래의 바지
くじらの ズボン | 寺村輝夫
てらむらてるお
64

◎ **TRACK 6** 이사 온 미사
ひっこして きた みさ | 安藤美紀夫
あんどう み き お
86

◎ **TRACK 7** 임금님 떠나죠
王さま 出かけましょう | 寺村輝夫
おう   で   てらむらてるお
112

CHECK UP 해답   140

일본초등학교
2학년 국어교과서선

日本の小学校2年生の国語教科書選

たけのこ ぐん

武鹿悦子
ぶしかえつこ

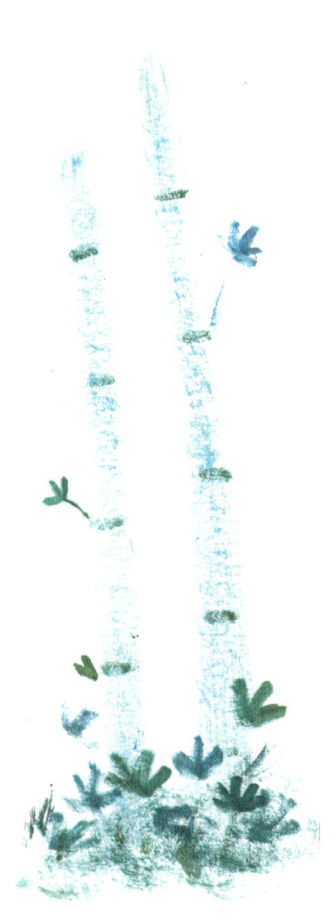

たけのこが

ぐん

せのびして

つちを わったよ

- たけのこ 죽순
- ぐん 쑤욱 〈ぐんぐん(쑥쑥, 무럭무럭)의 줄임말〉
- せのび(を)する 발돋움(을) 하다
- つち(土) 땅, 대지
- わる(割る) 가르다, 나누다
- ～よ ～요 〈새로운 사실에 대한 전달을 나타냄〉

죽순이 쑥

부시카 에츠코

죽순이
  쑥
발돋움해서
땅을 갈랐어요

あたまに きらり

つゆを のせてる[1]

あさの おほしさんに

もらったのかな

たけのこ のびろ*

ぐん

- あたま(頭) 머리
- ～に ～에 〈어떤 존재의 장소를 지정함〉
- きらり (순간적으로 빛나는 모양) 반짝 =ぴか り
- つゆ(露) 이슬 〈露がおりる 이슬이 내리다〉
- のせる 태우다, 싣다
- あさ(朝) 아침
- おほしさん(お星さん) 별님
- ～に ～에게(대상으로 부터) =から
- もらう 받다, 얻다
- ～かな (가벼운 영탄을 담은 의문) ～가? (자기 자신에게 묻는 기분) ～인가? ～일까?
- のびろ 자라렴, 자라거라 〈のびる(자라다)의 명령형〉

머리에 반짝
이슬을 얹고 있네
아침 별님에게
받은 걸까?

죽순아 자라렴
쑤욱

1 ～ている　～(하)고 있다　[타동사 て형＋いる]

타동사에 연결되어 동작의 진행이나, 어떤 작용의 결과 생긴 상태를 나타낸다. 회화에서는 い가 생략된 ～てる의 형태로 많이 쓰인다.

花子(はなこ)は今(いま)日記(にっき)を書(か)いている。 하나코는 지금 일기를 쓰고 있다.

> ★ 동사 명령형 만들기
>
> 1그룹 동사　어미를 エ단으로 바꾼다.
> 　　　　　　書く→書け　　　読む→読め
> 2그룹 동사　어미 る를 ろ로 바꾼다.
> 　　　　　　見る→見ろ　　　食べる→食べろ
> 불규칙 동사　する→しろ・せよ　　来る→来(こ)い

風
かぜ

はたち よしこ

だれも いないのに*

ぶらんこが ゆれて いる

こどもたちが

かえって しまった[1] あと[2]

やっと

風の じゅんばんが きて
かぜ

- 風(かぜ) 바람
- だれも 아무도, 누구도 〈흔히 뒤에 부정어가 옴〉
- いない 없다 〈いる(있다)의 부정형〉
- ～のに ～인데
- ぶらんこ 그네 〈ぶらんこに乗(の)る 그네를 타다〉
- ゆれる 흔들리다, 요동하다
- こども(子供) 아이
- ～たち ～들 〈사람이나 생물의 복수를 나타냄〉
- かえる(帰る) 돌아가다, 돌아오다
- やっと 드디어, 가까스로, 겨우
- じゅんばん(順番) 차례, 순서
- きて(来て) 와서 〈来る의 て형〉

바람

하타치 요시코

아무도 없는데
그네가 흔들리고 있네

아이들이
모두 돌아간 후

드디어
바람 차례가 와서

---

1. **～てしまう ～어 버리다** [동사의 て형+しまう]
   어떤 일의 완료나, 또는 일이 그렇게 끝나 유감임을 나타낸다.

   夏休(なつやす)みが終(お)わってしまいました。 여름방학이 끝나 버렸습니다.

2. **～たあと(で) ～한 후에** [동사의 た형+あと(で)]
   어떤 일을 하고 난 다음에 다른 일을 한다는 일의 일어난 순서를 나타낸다.

   二人(ふたり)は映画(えいが)を見(み)たあとで、いっしょに食事(しょくじ)をしました。 두 사람은 영화를 본 후에 함께 식사를 했습니다.

> ★ **～のに ～(인)데, ～(인)데도**
> 역접 표현으로, 기대나 예상에 반하는 사태에 직면했을 때 사용한다.
>
> 雨(あめ)がふっているのに、山(やま)にのぼりました。
> 비가 오는데도 산에 올랐습니다.

✅ CHECK UP

「たけのこ　くん」과　「風」에서 익힌 표현들을 모았습니다.
내용을 상기하면서 풀어보고, 일반 회화에도 응용해 보기 바랍니다.

1 다음 그림을 보고 밑줄 친 곳에 알맞은 의성어나 의태어를 써 넣으세요.

❶  つゆが ＿＿＿＿＿＿＿＿ 光って　いる。

❷ ＿＿＿＿＿＿＿＿ 背が　のびて　いる。

2 다음 그림을 보고 「のに」와 「ので」 중 알맞은 말을 골라 문장을 완성하세요.

❶  雨が ＿＿＿＿＿＿＿＿＿＿ かさを　もって
行きました。
[降りそうだ 비가 올 것 같다]
　ふ

❷  もう ＿＿＿＿＿＿＿＿＿＿ 雪が　降って　います。
[3月だ 3월이다]

❸  部屋の　中が　ちょっと ＿＿＿＿＿＿＿＿＿ 窓をあ
　　　　へ　や　　　　　　　　　　　　　　　　　　　　まど
けました。
[暑い 덥다]
　あつ

❹  彼は　日本に　6年間 ＿＿＿＿＿＿＿＿ 日本語
は　あまり　上手では　ありません。
　　　　　じょうず
[住んで　いた 살고 있다]
　す

16

3. 다음은 어느 학교의 기숙사 모습입니다. 학생들의 생활 모습을 보기와 같이 「～た あと (で)」를 사용하여 문장을 완성해 보세요.

보기   たろう君は 夕ご飯を 食べた あと(で)、歯を みがきます。
       [夕ご飯を食べる 저녁을 먹다, 歯を みがく 이를 닦다]

❶ よしこさんは _____
   [英語の勉強を する 영어 공부를 하다, 宿題を する 숙제를 하다]

❷ かずお君は _____
   [運動する 운동하다, シャワーを あびる 샤워를 하다]

❸ みなみさんは _____
   [テレビを 見る 텔레비전을 보다, 夕ご飯を 食べる 저녁을 먹다]

❹ すずきさんは _____
   [お風呂に 入る 목욕을 하다, 寝る 자다]

❺ まいさんは _____
   [日記を つける 일기를 쓰다, 寝る 자다]

春の おつかい

佐々木たづ

　山の ふもとは、もう なんとなく 春らしく なっ¹ていました²。

　でも、山の 上の すみやきの おじいさんの こやにまでは、まだ 春は きていません。おじいさんは、さむいと いたむ ひざを さすりながら³、

- 春(はる) 봄
- おつかい 사자(使者), 심부름꾼
- 山(やま) 산
- ふもと 산기슭
- もう 이제, 이미, 벌써
- なんとなく 어딘지 모르게, 왠지, 어쩐지, 무심코
- ～らしい (명사에 연결되어) ~답다, ~스럽다 〈男らしい 남자답다〉
- でも 하지만, 그래도 = けれども
- 上(うえ) 위
- すみやき 숯을 구움, 또는 그 사람 〈すみ(炭)+やき(구움, 굽기)〉
- こや(小屋) 오두막
- ～まで (시간, 공간적 범위) ~까지
- まだ 아직
- さむい(寒い) 춥다
- ～と 〈앞의 일에 이어져 다음 일이 일어남을 나타냄〉 ~(하)면, ~(하)자
- いたむ(痛む) 아프다, 고통스럽다 〈心が痛む 마음이 괴롭다〉
- ひざ 무릎
- さする 문지르다, 쓰다듬다

봄 소식

사사키 타즈

산기슭은 이제 어딘지 모르게 봄다워지고 있었습니다.
   하지만 산 위쪽 숯 굽는 할아버지의 오두막에까지는 아직 봄은 와 있지 않습니다. 할아버지는 추우면 아픈 무릎을 어루만지면서,

1   **~なる ~되다** [い형용사 어간+くなる, な형용사 어간·명사+になる]
   상태의 변화를 나타낸다.

   大根(だいこん)は煮(に)るとやわらかくなります。 무는 삶으면 부드러워집니다.

2   **~ている ~해져 있다** [자동사 て형+いる]
   자동사에 ~ている가 연결되어 동작의 상태를 나타낸다.

   窓(まど)が割(わ)れています。 창문이 깨져 있습니다.

3   **~ながら ~하면서** [동사 ます형+ながら]
   두 가지 이상의 동작이 병행되어 이루어지고 있음을 나타낸다.

   音楽を聞(き)きながら走(はし)っています。 음악을 들으면서 뛰고 있습니다.

「春がくれば*この足(あし)もよくなるだろうに。」
と、ひとりごとをいいました。

　まどのそとで一(いっ)ぴき*の子(こ)りすがこれをきいていました。

　この子りすは、ゆきでたべものが見(み)つけられ*ないふゆのあいだ、おじいさんからまめやかつおぶしのかけらをもらって、元気(げんき)にくらしました。

- くれば　온다면〈くる의 가정형〉
- 足(あし)　발, 다리
- よく　좋게, 잘〈よい의 부사형〉
- ～だろうに　～일 텐데〈추측과 추량을 나타냄〉
- ひとりごと　혼잣말
- いう(言う)　말하다
- まど(窓)　창, 창문
- そと(外)　밖
- ～ひき・びき・ぴき　～마리〈동물이나 물고기를 셀 때 쓰는 조수사〉
- 子(こ)りす　아기 다람쥐
- きく(聞く)　듣다, 묻다
- ゆき(雪)　눈
- たべもの(食べ物)　먹이, 음식물
- 見(み)つけられる　찾을 수 있다, 발견할 수 있다〈見つける(찾다)의 가능형〉
- ふゆ(冬)　겨울
- あいだ(間)　동안, 사이
- まめ(豆)　콩
- ～や　～랑, ～(이)며〈사물을 열거할 때 씀〉
- かつおぶし　가다랭이포〈가다랭이를 여러 번 쪄서 말린 것. 얇게 깎아 국물을 내거나 요리에 뿌려 먹음〉
- かけら　부스러기, 부서진 조각, 파편
- もらう　받다
- 元気(げんき)に　건강하게, 건강히
- くらす(暮らす)　살다, 지내다

"봄이 오면 이 다리도 좋아질 텐데."
하고 혼잣말을 했습니다.

창 밖에서 아기 다람쥐 한 마리가 이 말을 듣고 있었습니다.

이 아기 다람쥐는 눈 때문에 먹이를 찾지 못하는 겨울 동안 할아버지에게서 콩이랑 가다랭이 부스러기를 받아 먹으며 건강히 지냈습니다.

★ **동사 가정형 만들기**

1그룹 동사	어미를 エ단으로 바꾼 다음 ば를 붙인다. 書く→書けば　読む→読めば
2그룹 동사	어미 る를 れ로 바꾼 다음 ば를 붙인다. 見る→見れば　食べる→食べれば
불규칙 동사	する→すれば　来る→来(く)れば

★ さんびき 세 마리　よんひき 네 마리　ろっぴき 여섯 마리
　はっぴき 여덟 마리　じゅっぴき 열 마리　なんびき 몇 마리

★ **동사 가능형 만들기**

1그룹 동사	어미를 エ단으로 바꾼 다음 る를 붙인다. 書く→書ける　読む→読める
2그룹 동사	어미 る를 떼고 られる를 붙인다. 見る→見られる　食べる→食べられる
불규칙 동사	する→できる　来る→来(こ)られる

「おじいさんが あんなに まって いる 春が、早(はや)く くれば いいのに。……そうだ！」

いい ことを 思(おも)いついて、子りすは いそいで 山を 下(お)りて いきました。

ふもとに きて みる[4]と、ほんとうに 春めいて いました。

「春の しるしは ないかな？ あっ、すみれ！」

子りすは、かけよって そっと つむと、たいせつに 口(くち)に くわえて、山の こやへ むかって いそぎました。

- まつ(待つ) 기다리다
- 早(はや)く 빨리〈早(はや)い의 부사형〉
- いいこと 좋은 일, 재미있는 일
- 思(おも)いつく 생각이 떠오르다, 생각나다
- いそぐ(急ぐ) 서두르다
- 下(お)りる 내려가다, 내리다
- ほんとうに 정말로
- ～めく (명사나 형용사 어간에 붙여서) ~다워지다, ~스럽게 되다〈夏めく 여름다워지다〉
- しるし(印) 표, 상징, 표시, 신호
- すみれ 제비꽃
- かけよる 달려들다
- そっと 살그머니, 살짝, 조용히, 몰래
- つむ (손끝으로) 따다, 뜯다
- たいせつに(大切に) 소중하게
- くわえる 입에 물다
- むかう(向かう) 향하다

"할아버지가 저토록 기다리는 봄이 빨리 오면 좋을 텐데. ……그래!"
좋은 생각이 떠올라, 아기 다람쥐는 서둘러 산을 내려갔습니다.
산기슭에 와 보니 정말로 봄 기운이 느껴지고 있었습니다.
"봄(을 알리는) 신호는 없을까? 앗! 제비꽃!"
아기 다람쥐는 달려가 살그머니 따서는 소중하게 입에 물고 산속 오두막집을 향해 서둘렀습니다.

4 ～てみる ～해 보다 [동사의 て형+みる]
　'시험 삼아 어떤 것을 하다'라는 의미를 나타낸다.

　　お店(みせ)に電話(でんわ)して、値段(ねだん)を聞(き)いてみました。
　　가게에 전화해서 가격을 물어 보았습니다.

「春の おつかい、春の おつかい。」

子りすは うれしくて たまりません⁵。

こやの ちかくまで きて ふと 見ると、すみれは しおれて、もう きれいでは ありませんでした。

しばらく かんがえて いた 子りすは、くるりと うしろを むいて、また 元気に 山を 下りて いきました。

ふもとへ つきました。

「もっと いい 春の しるしは ないかしら。」

- うれしい 기쁘다, 반갑다
- ちかく 근처
- ふと 문득, 갑자기, 우연히
- しおれる (꽃이나 잎 등이) 시들다
- きれいだ 예쁘다, 아름답다
- しばらく 잠시, 잠간
- かんがえる(考える) 생각하다
- くるりと (별안간 태도를 바꾸는 모양) 휙, 싹
- うしろ(後ろ) 뒤
- むく(向く) (몸·얼굴을) 돌리다, 향하다
- また 또, 다시
- つく(着く) 닿다, 도착하다
- もっと 더, 더욱
- ～かしら ～일까, ～일지 몰라〈여성어로 문장 끝에 이어져 가벼운 의문을 나타냄〉

"봄 소식, 봄 소식."

아기 다람쥐는 기뻐서 어쩔 줄 모릅니다.

오두막 근처까지 와서 문득 보니 제비꽃은 시들어서 더 이상 예쁘지 않았습니다.

잠시 생각하고 있던 아기 다람쥐는, 휙 뒤를 돌아 또 다시 활기차게 산을 내려갔습니다.

산기슭에 닿았습니다.

"더 좋은 봄 신호는 없을까?"

5　**～てたまらない　～해서 참을 수 없다, ~해서 견딜 수 없다**
　　[동사의 て형+たまらない]
　　'너무 ~해서 참을 수 없을 정도'라는 뜻으로, 감정을 나타내는 말 뒤에 붙어 정도를 강조한다.

　　最近(さいきん)、父(ちち)の健康(けんこう)が気(き)になってたまらない。
　　최근 아버지의 건강이 걱정되어 견딜 수 없다.

そして、子りすは、木の かわに、ほんの すこし 春の 小川の 水を くみました。

「春の おつかい、春の おつかい。」

子りすは、心の 中で くりかえしながら、ちょうしよく 山を のぼって いきました。

でも、まだ あまり のぼらない うちに、

「あ、あれ？ なくなっちゃってる！」

小川の 水は、木の かわに しみこんで しまった のでした。

- そして　그리고, 그리고 나서
- 木(き)のかわ　나무 껍질
- ほんの　그저, 보잘 것 없는, 불과
- すこし(少し)　조금
- 小川(おがわ)　시내, 개울
- くむ　(물 등을) 퍼서 담다
- 心(こころ)　마음
- 中(なか)　속
- くりかえす(繰り返す)　되풀이하다, 반복하다
- ちょうし(調子)　상태, 컨디션
- のぼる　오르다 ↔ 下(お)りる 내리다
- あまり　(뒤에 부정어를 동반하여) 그다지, 별로
- なくなる　없어지다, 분실되다
- ～ちゃってる　～해 버린 채로 있다 〈~てしまっている의 축약형〉
- 水(みず)　물
- しみこむ　스며들다

그리고 아기 다람쥐는 나무껍질에, 아주 조금 봄의 시냇물을 퍼 담았습니다.

"봄 소식, 봄 소식"

아기 다람쥐는 마음속으로 되풀이하면서 기세 좋게 산을 올라갔습니다. 하지만 아직 그다지 오르기도 전에

"아, 어? 없어져 버렸다!!!"

시냇물은 나무껍질에 스며들어가 버렸던 것이었습니다.

6 　〜ないうちに　〜(하)기 전에　[활용어의 ない형+ないうちに]

'〜하지 않은 상태가 계속되고 있는 사이에 〜을 하다'라는 뜻을 나타낸다.

暗(くら)くならないうちに帰(かえ)りましょう。 어두워지기 전에 돌아갑시다.

子りすは、かなしい かおを しましたが、思い直してまた 山を 下りていきました。

ふもとへ きた 子りすは、まんまるい 目を きょろきょろさせて＊、よくよく 春の けしきを ながめました。小さな はなを ぴょこぴょこさせて、春の かおりを かぎました。それから、春の 空気を むね いっぱいに すいこみました。ふわふわした 茶色の 毛の 中にも、いっぱい 春の 空気を いれました。

- かなしい(悲しい) 슬프다
- かお(顔) 얼굴 〈～顔をする ～한 표정을 짓다, ～의 얼굴을 하다〉
- 思(おも)い直(なお)す 생각을 다시하다, 생각을 고치다
- まんまるい 동그랗다, 아주 동글다
- 目(め) 눈
- きょろきょろする 두리번두리번거리다
- よくよく 찬찬히, 꼼꼼히
- けしき(景色) 경치
- ながめる 바라보다, 응시하다
- 小(ちい)さな 작은
- はな(鼻) 코
- ぴょこぴょこ 깡충깡충
- かおり(香り) 향기
- かぐ (냄새를) 맡다
- それから 그리고 나서
- 空気(くうき) 공기
- むね(胸) 가슴
- いっぱい 가득
- すいこむ(吸い込む) 들이마시다, 빨아들이다
- ふわふわ 폭신폭신, 가볍게 떠돌거나 흔들리는 모양 〈ふわふわする 폭신폭신하다〉
- 茶色(ちゃいろ) 갈색
- 毛(け) 털
- 入(い)れる 넣다

아기 다람쥐는 슬픈 얼굴을 했습니다만, 생각을 고쳐서 또 다시 산을 내려 갔습니다.

산기슭에 온 아기 다람쥐는 똥그란 눈을 두리번두리번거리며 아주 찬찬히 봄 경치를 바라보았습니다. 작은 코를 벌렁벌렁거리며 봄 향기를 맡았습니다. 그리고 나서 봄 공기를 가슴 가득히 들이마셨습니다. 폭신폭신한 갈색 털 속에도 가득 봄 공기를 담았습니다.

★ 동사 사역형 만들기
　사역형은 '남에게 어떤 동작을 하게 하다, 시키다'라는 뜻을 나타낸다.

1그룹 동사	어미를 ア단으로 바꾸고 せる를 붙인다. 書く→書かせる　読む→読ませる
2그룹 동사	어미 る를 させる로 바꾼다. 見る→見させる　食べる→食べさせる
불규칙 동사	する→させる　来る→来(こ)させる

「春の おつかい、春の おつかい。」

　うれしい 子りすは、まるで 春を つめこんだ 茶色い まりのようです[7]。

「春の おつかい！」

　こやの まどから いきなり とびこんだ ふわふわの 茶色い まりは、いたむ ひざを さすって いた おじいさんの ひざの 中に ぽんと とびこむと、うれしそうに[8] おじいさんを 見上(みあ)げました。

- つめこむ(詰め込む) 가득 채워 넣다, 쑤셔 넣다
- 茶色(ちゃいろ)い 갈색빛이 나다
- まり 공
- いきなり 갑자기
- とびこむ(飛び込む) 뛰어들다
- ぽんと (가볍게 물건이 튀거나 스치는 소리) 척, 탁
- 見上(みあ)げる 올려다보다

"봄 소식, 봄 소식"
기쁜 아기 다람쥐는 마치 봄을 가득 채워 넣은 갈색 공 같습니다.
"봄 소식!"
오두막 창문에서 갑자기 뛰어들어 온 폭신폭신한 갈색 공은, 아픈 무릎을 쓰다듬고 있던 할아버지의 무릎 안으로 톡 하고 뛰어들더니 기쁜 듯이 할아버지를 올려다보았습니다.

7 まるで〜ようだ 마치 〜같다
[동사·い형용사의 보통형, な형용사な, 명사の+ようだ]
상태, 성질, 모양, 동작 등을 어떤 것에 비유하여 나타낼 때 쓰는 표현이다.

彼(かれ)はまるでモデルのようにかっこいい。 그는 마치 모델과 같이 멋있다.

8 〜そうだ 〜(할) 것 같다, 〜(할) 것 같이 보이다
[동사 ます형, い형용사·な형용사 어간+そうだ]
어떤 상황으로 추측하여 보아 그럴 것 같다는 양태를 나타낸다.

雨(あめ)が降(ふ)りそうだから、傘(かさ)を持(も)って行ってください。
비가 올 것 같으니 우산을 갖고 가세요.

「おお、おお、おまえは あたたかいのう。春の においが するよ。」

子りすは、うれしくて じっと して いられずに、また そとに とび出して いきました。

春は、もう すぐ そこまで きて います。

- おお オ~, 야~〈감탄, 감동을 나타냄〉
- おまえ(お前) 너
- あたたかい(暖かい) 따뜻하다
- ~のう ~군, ~구나〈감동을 나타냄〉
- におい 냄새, 향기〈においがする 냄새가 나다〉
- じっとする 가만히 있다
- いられずに 있을 수 없어서〈いられる의 ない형+ずに〉
- とび出(だ)す 뛰어나가다

"오오! 오오! 너는 따뜻하구나. 봄 냄새가 나!"
아기 다람쥐는 기뻐서 가만히 있을 수 없어서, 또 밖으로 뛰어나갔습니다.
봄은 벌써 그 근처까지 와 있습니다.

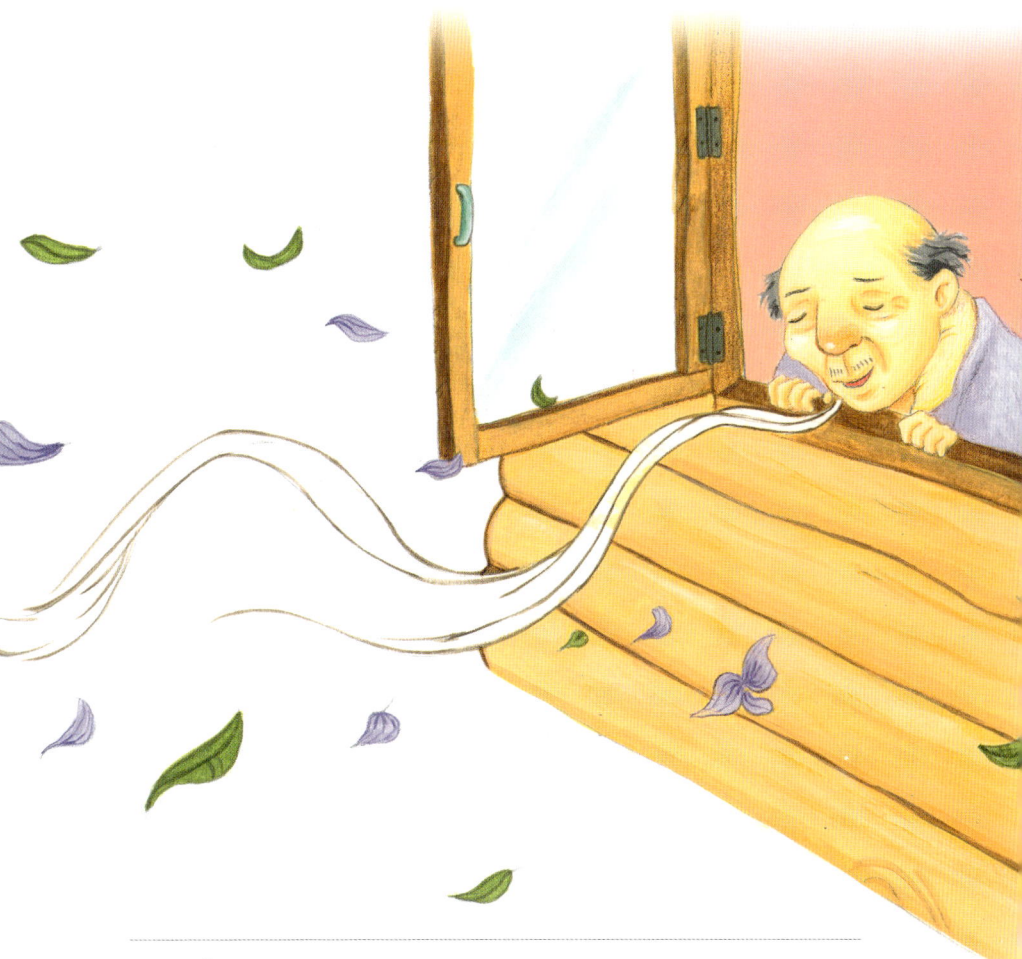

9　**〜ずに　〜않고** [동사의 ない형+ずに]
　　앞 동작의 부정을 나타내는 예스러운 표현이다. 불규칙 동사의 경우 せず, 来(こ)
　　ず가 된다.

　　これは電池(でんち)を交換(こうかん)せずに使(つか)える時計(とけい)です。
　　이것은 건전지를 교환하지 않고 사용할 수 있는 시계입니다.

33

　　지금까지 「春の おつかい」에서 익힌 표현들을 모았습니다.
내용을 상기하면서 풀어보고, 일반 회화에도 응용해 보기 바랍니다.

1 「春の おつかい」의 이야기 흐름에 맞춰 그림을 배열한 것입니다. 그림에 맞는 글을 찾아 순서대로 번호를 써 넣으세요.

① 山の ふもとは もう 春らしく なって います。

② 子りすは いい ことを 思いついて いそいで 山を 下りて いきます。

③ 子りすは 春の 空気を むねいっぱいに すいこんで います。

④ 子りすは すみれを 口に くわえて 山の こやへ むかって いそぎました。

⑤ 子りすは おじいさんの ひざの 中に ぽんと とびこんでいます。

　　　　　（　　　→　　　→　　　→　　　→　　　）

2 다음 그림을 보고 「～ようだ」를 사용하여 문장을 완성하세요.

> 보기  子りすは まるで 春を つめこんだ
> 　　　　　　　　　　　<u>茶色い まりの</u>ようです。
>
> ［茶色い まり 갈색 공］

❶ 空の 雲は まるで _____ ようです。

［キャンディー 캔디, 사탕］

❷ 吉田さんは _____ ようです。

［ねむい 졸립다］

❸ みんな _____ ようです。

［ひまだ 한가하다］

❹ 木村さんは _____ ようです。

［お腹を こわす 배탈이 나다］

草色の マフラー

後藤竜二

コウくんは、小学校の 一年生*です。

北海道の 海べの 村に すんで います。

お父さんと おじいちゃんは、いそ船で、わかめや うにや こんぶを とる りょうしです。

- 草色(くさいろ) 풀색
- マフラー 목도리, 머플러
- ～くん (동료나 손아랫사람의 이름에 붙이는 가벼운 호칭) ～군
- 小学校(しょうがっこう) 초등학교
- 一年生(いちねんせい) 1학년
- 北海道(ほっかいどう) 홋카이도 〈지명, 일본 열도의 북단에 있는 큰 섬〉
- 海(うみ)べ 바닷가, 해변
- 村(むら) 마을
- すむ(住む) 살다
- おじいちゃん 할아버지 〈おじいさん보다 친근한 말〉
- いそ船(ぶね) 통통배, 소형 어선
- わかめ 미역
- うに 성게
- こんぶ 다시마
- とる 잡다, 따다
- りょうし(漁師) 어부, 고기잡이

풀빛 목도리

고토 류지

코 군은 초등학교 1학년입니다.
 홋카이도의 바닷가 마을에 살고 있습니다.
 아버지와 할아버지는 통통배로 미역이랑 성게랑 다시마를 따는 어부입니다.

*	二年生 2학년 にねんせい	三年生 3학년 さんねんせい	四年生 4학년 よねんせい	
	五年生 5학년 ごねんせい	六年生 6학년 ろくねんせい	何年生 몇 학년 なんねんせい	~組 ~반 くみ

夏に なると、村じゅうが こんぶとりで いそがしく なります。

お母さんや お兄ちゃんと いっしょに、コウくんも お手つだいを します。

はまいっぱいに、大ぜいの 人たちの はたらいている 夏が、コウくんは いちばん すきです。

夏が おわり、秋が すぎると、うすむらさきの雪虫が とびはじめます[1]。

- 夏(なつ) 여름
- 村(むら)じゅう 마을 전체
- こんぶとり 다시마 채취
- いそがしい 바쁘다
- お手つだいをする 일을 거들다, 돕다 〈お는 미화어〉
- はま 바닷가, 해변
- いっぱい 가득
- 大(おお)ぜい 여럿, 많은 사람
- はたらく(働く) 일하다
- いちばん 가장, 제일
- すきだ 좋아하다 ↔ きらいだ 싫어하다
- おわる(終わる) 끝나다
- 秋(あき) 가을
- すぎる (때가) 지나다, 경과하다
- うすむらさき 연보랏빛, 연보라색
- 雪虫(ゆきむし) 눈벌레〈일본 북부지방에서 눈이 오기 시작하는 늦가을에서 초겨울에 생기는 벌레〉
- とびはじめる(飛び始める) 날기 시작하다

여름이 되면 마을 전체가 다시마 채취로 바빠집니다.
엄마랑 형과 함께 코 군도 일손을 거듭니다.
해변 가득히 많은 사람들이 일하고 있는 여름을 코 군은 가장 좋아합니다.
여름이 끝나고 가을이 지나면, 연보랏빛 눈벌레가 날아다니기 시작합니다.

---

1 ～はじめる   ～(하)기 시작하다 [동사 ます형＋はじめる]
동작의 개시를 나타낸다.

「行こう」とサンタがいうとトナカイはすばらしいスピードで走(はし)りはじめた。 "가자"하고 산타가 말하자 루돌프는 굉장한 속도로 달리기 시작했다．

海は、くらい 色に かわります。はげしい 風が ふきあれて、いく日も しけの 日が つづきます。

小さな いそ船では、もう りょうは できません。

お父さんと お母さんは、東京に はたらきに 行きます。²　村に はつ雪の ふった 日です。

「春まで がまんするんだよ。」

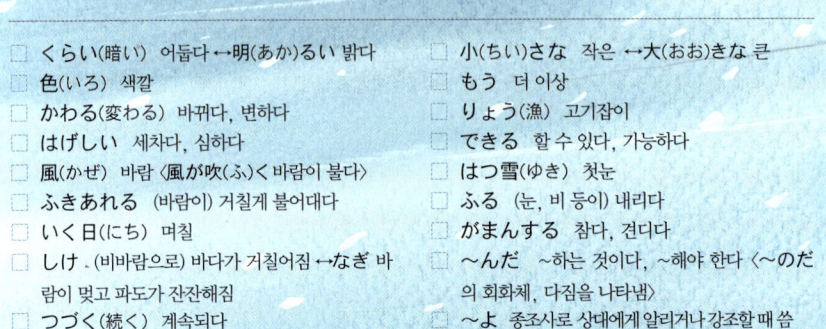

- くらい(暗い)　어둡다 ↔ 明(あか)るい 밝다
- 色(いろ)　색깔
- かわる(変わる)　바뀌다, 변하다
- はげしい　세차다, 심하다
- 風(かぜ)　바람 ＝風が吹(ふ)く 바람이 불다
- ふきあれる　(바람이) 거칠게 불어대다
- いく日(にち)　며칠
- しけ　(비바람으로) 바다가 거칠어짐 ↔ なぎ 바람이 멎고 파도가 잔잔해짐
- つづく(続く)　계속되다
- 小(ちい)さな　작은 ↔ 大(おお)きな 큰
- もう　더 이상
- りょう(漁)　고기잡이
- できる　할 수 있다, 가능하다
- はつ雪(ゆき)　첫눈
- ふる　(눈, 비 등이) 내리다
- がまんする　참다, 견디다
- 〜んだ　〜하는 것이다, 〜해야 한다 〈〜のだ의 회화체, 다짐을 나타냄〉
- 〜よ　종조사로 상대에게 알리거나 강조할 때 씀

바다는 어두운 색으로 변합니다. 세찬 바람이 불어대고, 며칠이고 바다가 거칠어지는 날이 계속됩니다.
작은 통통배로는 더 이상 고기잡이는 할 수 없습니다.
아버지와 어머니는 토쿄에 일하러 갑니다. 마을에 첫눈이 내린 날입니다.
"봄까지 잘 참는 거야."

2 ～に行(い)く　～(하)러 가다 [동사 ます형+に行く]
동작을 나타내는 동사 뒤에 쓰여 동작의 목적을 나타낸다. 行く 외에 来る도 많이 쓰인다.

きのうは京都(きょうと)に今年(ことし)最後(さいご)の紅葉(もみじ)を見に行きました。 어제는 쿄토에 올해 마지막 단풍을 보러 갔습니다.

お母さんは、草色の マフラーを あんで、コウくんの 首に まいて くれました³。そして、汽車にのって 行って しまいました。

村は、すっぽりと 雪に うもれて しまいました。

コウくんは、お兄ちゃんたちと いっしょに、学校に 通います。お母さんが あんで くれた マフラーを 首に まいて、どんなに しばれる 日でも、どんなに ふぶきの ふきあれる 日でも、

「やい、北風、早く 春を つれて こい。」

- あむ （실, 뜨개질 등을) 짜다, 뜨다
- 首(くび) 목, 고개
- まく 두르다, 감다
- そして 그리고
- 汽車(きしゃ) 기차
- のる （탈것 등을) 타다 〈항상 조사 に를 취함〉
- すっぽりと 푸욱, 푹 뒤집어쓴 모양
- うもれる 파묻히다, 뒤덮이다 ＝うずもれる
- 通(かよ)う 다니다
- どんなに～でも(ても) 아무리～이라도, 아무리～해도
- しばれる 얼어붙다, 혹독하게 춥다 〈일본 동북지방과 홋카이도에서 쓰는 방언〉
- ふぶき 눈보라
- ふきあれる 바람이 세차게 불어대다
- やい 야 〈다정하게 또는 얕잡아 부를 때 씀〉
- 北風(きたかぜ) 북풍
- 早(はや)く 빨리
- つれる 데리고 가다, 동반하다

어머니는 풀빛 목도리를 짜서 코 군의 목에 둘러 주었습니다. 그리고 기차를 타고 떠나가 버렸습니다.

마을은 푸욱 눈에 파묻혀 버렸습니다.

코 군은 형들과 함께 학교에 다닙니다. 어머니가 짜 주신 목도리를 목에 두르고, 아무리 추운 날일지라도 아무리 눈보라가 세차게 불어대는 날일지라도,

"야! (이 나쁜) 북풍! 빨리 봄을 데려 와."

3 　～てくれる 　～해 주다 [동사의 て형+くれる]
　남이 말하는 사람을 위해 또는 제3자가 제 3자에게 무언가를 해 준다는 의미를 나타낸다.

　あなたが心(こころ)から謝(あやま)れば相手(あいて)も許(ゆる)してくれるでしょう。 당신이 마음에서부터 사과한다면 상대방도 용서해 주겠지요.

ぎゅっと はを くいしばって、学校に 通います。

　お父さんと お母さんは、お正月にも 帰って き
ませんでした。

　コウくんは、お兄ちゃんたちと いっしょに、は
まべで たこあげ大会を しました。

「やい、北風、早く 春をつれて こい。」

　コウくんは、ぐんぐん 糸を のばして、高く た
こを あげました。

　　(ぼくのたこ、東京からも 見えるかな。)

- ぎゅっと　(세게 쥐거나 문지르는 모양) 꾹
- は(歯)　이, 이빨
- くいしばる　(이를) 악물다, 참고 견디다
- お正月(しょうがつ)　설날, 정월
- 帰(かえ)る　(집으로) 돌아오다, 돌아가다
- はまべ(浜辺)　바닷가, 해변
- たこあげ　연날리기
- 大会(たいかい)　시합, 대회
- ぐんぐん　(사물이 힘차게 진행되거나 성장하는 모양) 쭉쭉, 쑥쑥
- 糸(いと)　실
- のばす(伸ばす)　늘리다
- 高(たか)く　높이, 높게
- あげる　(연 등을) 높이 올리다, 공중에 띄우다
- ぼく　나〈남성어〉 ↔きみ 너, 자네
- 見(み)える　보이다

이를 꽉 악물고 학교에 다닙니다.
아버지와 어머니는 설날에도 돌아오지 않았습니다.
코 군은 형들과 함께 바닷가에서 연날리기 시합을 했습니다.
"야! 북풍! 빨리 봄을 데려 와!! "
코 군은 쭉쭉 실을 늘려서 높이 연을 올렸습니다.
(내 연, 토쿄에서도 보일까?)

雪は おもく ふりつづきます。雪はねを する あとから、ふりつもって いきます。

　夜は、北風が うなって、雪の おもさで、家ぜんたいが ギシッギシッと きしみます。

「やい、北風、早く 春を つれて こい。」

　三月＊に なると、雪は あまり ふらなく なります。

　それでも、お父さんと お母さんは、まだ 帰って きません。

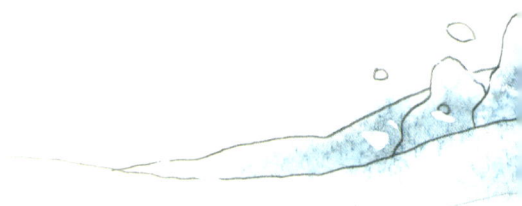

- おもい(重い)　(정도가) 심하다 ＝ひどい
- ふりつづく　계속해서 내리다
- 雪(ゆき)はね　눈치우기
- 〜あとから　〜한 후부터
- ふりつもる　내려 쌓이다
- 夜(よる)　밤
- うなる　(맹수가) 으르렁거리다
- おもさ(重さ)　무게
- 家(いえ)　집
- ぜんたい(全体)　전체
- ギシッギシッと　삐걱삐걱 〈ギシギシ의 힘줌말〉
- きしむ　삐걱거리다 ＝きしる
- それでも　그래도, 그럼에도 불구하고
- まだ　아직

눈은 심하게 계속해서 내립니다. 눈을 치우기가 무섭게 바로 쌓여 갑니다.
밤에는 북풍이 으르렁거리고 눈의 무게 때문에 집 전체가 삐걱삐걱 삐걱거립니다.
"야! 북풍! 빨리 봄을 데려 와!!"
삼월이 되자 눈은 그다지 내리지 않습니다.
하지만 아버지와 어머니는 아직 돌아오지 않습니다.

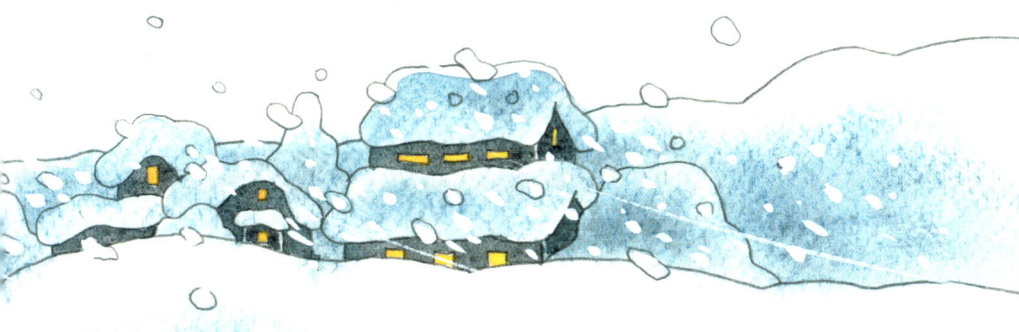

★	一月 1월 いちがつ	二月 2월 にがつ	三月 3월 さんがつ	四月 4월 しがつ	五月 5월 ごがつ	六月 6월 ろくがつ
	七月 7월 しちがつ	八月 8월 はちがつ	九月 9월 くがつ	十月 10월 じゅうがつ	十一月 11월 じゅういちがつ	十二月 12월 じゅうにがつ

「やい、北風、早く 春を つれて こい。」

　コウくんは、かた雪の 野原を、マフラーを ひるがえして 走り回ります。

　ある 日の ことでした。

　コウくんが 野原を 走り回って、

「やい、北風、早く 春を つれて こい。」

と さけんだら、北風は ゴウと うなって、コウくんの マフラーを はい色の 空高く まき上げて しまいました。

- かた雪(ゆき)　녹기 시작하다 밤사이에 얼어붙어 단단해진 눈
- 野原(のはら)　들판
- ひるがえす　(바람에) 나부끼다, 뒤집다
- 走(はし)り回(まわ)る　뛰어 돌아다니다
- ある　(뒤에 체언이 붙어) 어느
- こと　일
- さけぶ　외치다, 소리 지르다
- ゴウと　세차게 부는 바람 소리, 위잉
- はい色(いろ)　잿빛, 회색
- 空(そら)高(たか)く　하늘 높이
- まき上(あ)げる　감아올리다, 말아올리다

"야! 북풍! 빨리 봄을 데려 와!!"
코 군은 눈이 얼어붙은 들판을 목도리를 나부끼며 뛰어다닙니다.

어느 날의 일이었습니다.
코 군이 들판을 뛰어 돌아다니다가,
"야! 북풍! 빨리 봄을 데려 와!!"
하고 외쳤더니, 북풍은 위잉 하고 으르렁대며 코 군의 목도리를 잿빛 하늘 높이 감아 올려 버렸습니다.

4　～たら　～하니까, ～했더니　[동사 た형+ら]
　동사 뒤에 붙어 발견을 나타낸다.

　　学校に行ってみたら、田中さんはもう来ていました。
　　학교에 가 보았더니 타나카 씨는 이미 와 있었습니다.

草色の マフラーは、高く ひくく、こな雪と いっしょに 遠くまで とばされて*、しらかばの 林に 引っかかりました。

　はだかんぼうの しらかばたちは、さむそうに ヒューヒュー なきながら、草色の マフラーを とりっこして います。

　「いくじなし。」
と、コウくんは 言いました。

　「ぐんぐと 太って、みどりの め 出せ。め 出して、はっぱつけて、早く 春を つれて こい。」

- ひくい　낮다
- こな雪(ゆき)　가루눈
- 遠(とお)く　먼 곳 ↔ 近(ちか)く 근처
- とばされる　날려지다 〈とばす(날리다)의 수동형〉
- しらかば　자작나무
- 林(はやし)　숲
- 引(ひ)っかかる　걸리다, 제지당하다
- はだかんぼう　벌거숭이
- ヒューヒュー　휘잉휘잉
- なく(泣く)　울다
- とりっこする　서로 경쟁하며 뺏다
- いくじなし　나약함, 패기가 없음, 또는 그런 사람 ＝よわむし 겁쟁이
- 太(ふと)る　살찌다, 굵어지다
- みどり　초록색
- め　(초목의) 싹 〈めを 出(だ)す 싹을 틔우다〉
- 出(だ)せ　내라, (싹을) 틔우라 〈出す의 명령형〉
- はっぱ　잎, 잎사귀 ＝葉(は)
- つける　달다, 부착하다

풀빛 목도리는 높아졌다 낮아졌다 가루눈과 함께 멀리까지 날려가 자작나무 숲에 걸렸습니다.

벌거숭이 자작나무들은 추운 듯이 휘잉휘잉 울면서, 풀빛 목도리를 서로 빼앗기를 하고 있습니다.

"무기력해!!"

하고 코 군은 말했습니다.

"쑥쑥 살쪄서 초록색 싹을 틔워. 싹을 틔우고 잎사귀 달고 빨리 봄을 데려와!!"

* **동사 수동형 만들기**

1그룹 동사	어미를 ア단으로 바꾼 다음 れる를 붙인다.
	書く→書かれる 読む→読まれる
2그룹 동사	어미 る를 られる로 바꾼다.
	見る→見られる 食べる→食べられる
불규칙 동사	する→される 来る→来(こ)られる

すると、しらかばたちは ザワザワと ざわめいて、ひらりと マフラーを かえして よこしました。

　コウくんが うけとろうと したら、ヒュルルヒュルルと 北風が わらって、また、さあっと コウくんの マフラーを さらって いって しまいました。

　それきり、草色の マフラーは、どこへ 行ったのか 見つかりませんでした。

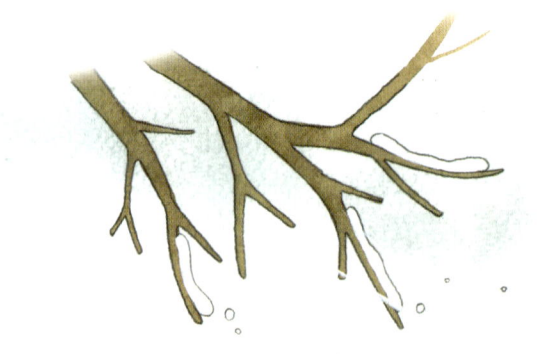

- ザワザワと　와삭와삭, 웅성웅성
- ざわめく　웅성거리다, 시끄러워지다 ＝ざわつく
- ひらりと　몸을 움직이는 모양, 휙, 가볍게
- かえす　(빌린 것을) 돌려주다
- ～てよこす　(이쪽으로 어떤 동작을) ~해 오다
- うけとる　받다, 수취하다
- ヒュルルヒュルルと　휘~하하 휘~하하 하고
- わらう(笑う) 웃다 ↔泣(な)く 울다
- さあっと　휙 하니, 휙 하고
- さらう　낚아채다
- それきり　그뿐, 그것을 마지막으로 ＝それっきり
- 見(み)つかる　찾게 되다, 발견되다

그러자 자작나무들은 와삭와삭 웅성거리며 훌쩍 목도리를 돌려주었습니다.

코 군이 받으려고 하자 휘~하하 휘~하하 하고 북풍이 웃으며, 또 획 하고 코 군의 목도리를 낚아채어 가 버렸습니다.

그걸 마지막으로, 풀빛 목도리는 어디로 간 것인지 찾을 수 없었습니다.

---

5 ～(よ)うとする ～(하)려고 하다 [동사 의지형+とする]
어떤 동작을 하려는 의도를 나타낸다.

彼は急(いそ)いで帰(かえ)ろうとしています。 그는 서둘러 돌아가려고 하고 있습니다.

見つからなかったら、もう お父さんも お母さんも 帰って こないような ⁶気が して、コウくんは、とうとう ないて しまいました。

「なくなよ①、コウ。きっと 見つかるよ②。」
と、お兄ちゃんたちが いっしょに さがして くれました。

「あった。」
　コウくんの マフラーは、林の 外れの くぼみに おちて いました。

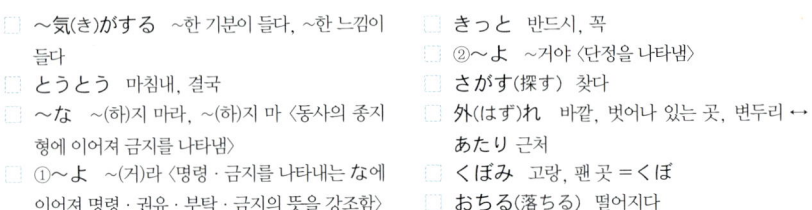

- ~気(き)がする　~한 기분이 들다, ~한 느낌이 들다
- とうとう　마침내, 결국
- ~な　~(하)지 마라, ~(하)지 마 〈동사의 종지형에 이어져 금지를 나타냄〉
- ①~よ　~(거)라 〈명령・금지를 나타내는 な에 이어져 명령・권유・부탁・금지의 뜻을 강조함〉
- きっと　반드시, 꼭
- ②~よ　~거야 〈단정을 나타냄〉
- さがす(探す)　찾다
- 外(はず)れ　바깥, 벗어나 있는 곳, 변두리 ↔ あたり 근처
- くぼみ　고랑, 팬 곳 ＝くぼ
- おちる(落ちる)　떨어지다

찾지 못하면 이제 아버지도 어머니도 돌아오지 않을 것 같은 느낌이 들어, 코 군은 마침내 울음을 터뜨리고 말았습니다.
"울지마! 코. 반드시 찾을 수 있을 거야."
하고 형들이 함께 찾아 주었습니다.

"있다!!"
코 군의 목도리는 숲 바깥의 고랑에 떨어져 있었습니다.

6 **~ようだ　~(인) 것 같다** [동사・い형용사의 보통형, な형용사な, 명사の＋ようだ]
추량, 불확실한 단정을 나타낸다.

日本語のメールが文字(もじ)ばけする場合(ばあい)があるようです。
일본어 메일이 문자가 깨지는 경우가 있는 것 같습니다.

草色の マフラーを とったら、ふきのとうが 三つ、とけかかった 雪の 間（あいだ）から、ちょっぴり 顔（かお）を のぞかせて いました。

「あ。」

にこっと して、みんなが 顔を 見合（みあ）わせました。

ねこやなぎの かたい つぼみが ゆれて、雪どけの においが しました。

- ふきのとう　머위의 새순
- とける　녹다
- 〜かかる　(동사 ます형에 이어져) 마침 〜하다, 지금 바로 〜하려 하다〈乗りかかる 막 타려하다〉
- 間(あいだ)　사이
- ちょっぴり　빠끔, 약간
- 顔(かお)　얼굴
- のぞかせる　(틈 사이로) 슬쩍 내비치다〈のぞく(엿보다)의 사역형〉
- にこっと　방긋
- みんな　모두
- 見合(みあ)わせる　마주보다
- ねこやなぎ　갯버들
- かたい　딱딱하다, 단단하다 ↔ やわらかい 부드럽다
- つぼみ　꽃봉오리〈つぼみがほころぶ 꽃봉오리가 벌어지다〉
- ゆれる　흔들리다, 요동하다
- 雪(ゆき)どけ　눈이 녹음, 또는 그 계절
- においがする　냄새가 나다

풀빛 목도리를 집어 들었더니, 머위의 새순이 세 개, 녹기 시작한 눈 사이에서 빠끔 얼굴을 내밀고 있었습니다.
"아!".
빙긋 웃으며 모두 얼굴을 마주보았습니다.
갯버들의 딱딱한 꽃봉오리가 흔들리며 눈 녹는 냄새가 났습니다.

* 一つ 한 개
  ひと
  二つ 두 개
  ふた
  三つ 세 개
  みっ
  四つ 네 개
  よっ
  五つ 다섯 개
  いつ
  六つ 여섯 개
  むっ
  七つ 일곱 개
  なな
  八つ 여덟 개
  やっ
  九つ 아홉 개
  ここの
  十 열 개
  とお

(おまえ、春を つれて きて くれたんだな。)

　と、コウくんは、心の 中で 北風に 言いました。

　ヒュルル ヒュルルと 北風は わらって、海の 遠くにふきすぎて いきました。

　海が、きらっと 草色に 光ったようでした。

　お父さんと お母さんが 帰って くる 日は、もうすぐです。

- おまえ(お前) 너, 자네
- 心(こころ) 마음
- ふきすぎる 불어 지나가다
- きらっと 반짝(하고)
- 光(ひか)る 빛나다, 반짝이다
- もうすぐ 곧, 금방

(너! 봄을 데려와 주었구나!)
하고 코 군은 마음 속으로 북풍에게 말했습니다.
  휘~하하 휘~하하 하고 북풍은 웃으며, 바다 저 멀리 불어 지나갔습니다.
  바다가 반짝하고 풀빛으로 빛나는 것 같았습니다.
  아버지와 어머니가 돌아올 날은, 이제 머지 않았습니다.

✅ CHECK UP

지금까지 「草色の マフラー」에서 익힌 표현들을 모았습니다.
내용을 상기하면서 풀어보고, 일반 회화에도 응용해 보기 바랍니다.

1 다음 그림을 보고 밑줄 친 곳에 들어갈 알맞은 말을 아래 ◯에서 골라 써 넣으세요.

> 보기   村は、<u>すっぽりと</u> 雪に うもれて しまいました。

① 夜は 家ぜんたいが ＿＿＿＿＿＿＿＿＿ きしみます。

② ふきのとうが 三つ、とけかかった 雪の 間から ＿＿＿＿＿＿＿＿＿
   顔を のぞかせて いました。

③ 私は ＿＿＿＿＿＿＿＿＿ はを くいしばって、学校に 通います。

④ 海が、＿＿＿＿＿＿＿＿＿ 草色に 光ったようでした。

⑤ しらかばたちは ＿＿＿＿＿＿＿＿＿ ざわめいて ＿＿＿＿＿＿＿＿＿
   マフラーを かえして よこしました。

> きらっと   ひらりと   ちょっぴり   ぎゅっと
> ぎしっぎしっと   ざわざわと   すっぽり

2 다음 대화를 읽고 보기와 같이「くれる・あげる・もらう」중에서 알맞은 것을 골라 써 넣으세요.

> 보기　私　　　：あ、お腹 すいた！
> 　　　お母さん：何か 作って あげようか。
>
> →　母は 私に 何か 作って <u>くれました</u>。
> 　　私は 母に 何か 作って <u>もらいました</u>。

❶ 山下：この 部屋 すこし 暑いですね。
　 木村：そうですか。ちょっと 窓を あけましょうか。

　→ 山下さんは 木村さんに 窓を あけて ＿＿＿＿＿＿。
　　 木村さんは 山下さんに 窓を あけて ＿＿＿＿＿＿。

❷ トム：あ、この 宿題 なかなか むずかしい。
　 吉田：何、私が ちょっと 手伝おうか。

　→ 吉田さんは トムさんに 宿題を 手伝って ＿＿＿＿＿＿。
　　 トムさんは 吉田さんに 宿題を 手伝って ＿＿＿＿＿＿。

❸ 私　　　　：すみません、上野駅は どこですか。
　 おばあさん：この 道を まっすぐ 行って…。

　→ おばあさんは 私に 道を 教えて ＿＿＿＿＿＿。
　　 私は おばあさんに 道を 教えて ＿＿＿＿＿＿。

CHECK UP

3 다음 글에서 밑줄 친 동사를 보기와 같이 수동형(受身)으로 고쳐 쓰세요.

> コウくんは 小学校の 一年生です。北海道の 海べの 村に すんで います。お父さんと おじいちゃんは、いそ船で、わかめや うにや こんぶを <u>とる</u> りょうしです。
>
> 夏に なると、村じゅうが こんぶとりで いそがしく なります。お母さんや お兄ちゃんと いっしょに、コウくんもお手つだいを <u>します</u>。はまいっぱいに、大ぜいの 人たちの<u>はたらいて</u> いる 夏が、コウくんは いちばん すきです。
>
> 夏が おわり、秋が すぎると、うすむらさきの 雪虫が とびはじめます。海は、くらい 色に かわります。はげしい風が ふきあれて、いく日も しけの 日が つづきます。小さな いそ船では、もう りょうは できません。
>
> お父さんと お母さんは、東京に はたらきに <u>行きます</u>。
>
> お父さんと お母さんは、お正月にも 帰って <u>きませんでした</u>。

보기 とる→とられる

❶ する → _____

❷ はたらく → _____

❸ いく → _____

❹ かえる → _____

❺ くる → _____

4 다음 그림을 보고 ◯에서 알맞은 단어를 찾아 적당한 형태로 바꾸어 써 넣으세요.

| 보기 | おいしゃさんが ちゅうしゃを しようと して います。 |

❶ 田中さんは 水を _____ と
　 して います。

❷ すずきさんは さかを _____ と
　 して います。［さか 언덕］

❸ 木村さんは すずきさんを _____ と
　 して います。

❹ アナウンサーは ある 選手に _____ と
　 して います。［選手 선수］

飲む(마시다)　　インタビューする(인터뷰하다)　　のぼる(오르다)
ちゅうしゃをする(주사를 놓다)　　ぬく(앞지르다, 추월하다)

くじらの ズボン

寺村輝夫
てらむらてるお

王さまが、かぜを ひきました。三十九ども ねつが ありました。王さまは、くるしくて、ねむる ことも できません[1]。それでも、おいしゃさんが、ちゅうしゃを しようとすると、

- くじら 고래
- ズボン 바지
- 王(おう)さま 임금님
- かぜをひく 감기에 걸리다
- 〜ど(度) 〜도 〈온도, 습도 등의 단위〉
- ねつ(熱) 열 〈ねつがある 열이 있다〉
- くるしい(苦しい) 괴롭다, 고통스럽다
- ねむる (잠을) 자다, 잠들다
- それでも 그런데도, 그래도
- おいしゃさん(お医者さん) 의사 선생님
- ちゅうしゃをする(注射をする) 주사를 놓다, 주사를 맞다
- 〜と (활용어의 종지형에 이어져) 〜하면, 〜하자

고래의 바지

테라무라 테루오

임금님이 감기에 걸렸습니다. 열이 39도나 됐습니다. 임금님은 괴로워서 잠들 수도 없습니다. 그런데도 의사 선생님이 주사를 놓으려고 하면,

---

1 **～ことができる ～할 수 있다** [동사 기본형+ことができる]
   가능을 나타낸다.

   チケットはいつから買うことができますか。 티켓은 언제부터 살 수 있습니까?

「いやだっ。ちゅうしゃを したら、お前を、ピストルで うって やる。」

なんて 言うのです。

大じんは、こまって、王さまに 言いました。

「王さま、ちゅうしゃを して くれれば²、何でも、すきな ものを あげましょう。」

それを 聞いた 王さまは、くるっと うでを まくって 言いました。

「よし、さあ、ちゅうしゃを して くれ。そのかわり……。」

- いやだ 싫다
- お前(まえ) 너
- ピストル(pistol) 권총
- うつ (총으로) 쏘다, 사격하다
- ～てやる ～해 주다〈손윗사람에게는 쓰지 않음〉
- ～なんて ～라느니, ～라는 둥
- 大(だい)じん 대신, 신하
- こまる 곤란하다, 난처하다
- ～てくれる (남이 나에게) ～해 주다〈くれれば 는 くれる의 가정형〉
- 何(なん)でも 뭐든지
- もの 것, 물건
- あげる (내가 남에게 혹은 남이 남에게) 주다
- ～ましょう ～하겠습니다〈말하는 사람의 의지나 결의를 공손하게 나타냄〉
- くるっと 둘둘
- うで 팔
- まくる (소매 등을) 걷어 올리다
- よし 좋아〈결의나 결단을 내릴 때 씀〉
- さあ 자, 어서〈권유하거나 재촉할 때 씀〉
- そのかわり 그 대신

"싫어!! 주사를 놓으면 네 놈을 총으로 쏴 줄 거야!!"
라고 말하는 겁니다.

대신은 곤란해하며 임금님께 말했습니다.

"임금님! 주사를 맞아 주신다면 뭐든지 좋아하는 것을 드리겠습니다."

그 말을 들은 임금님은 둘둘 팔을 걷어올리고 말했습니다.

"좋아, 자, 주사를 놔 줘. 그 대신……."

2 ~ば　~(하)면　[가정형]
아직 일어나지 않은 일 또는 이미 일어난 일에 대한 조건이나 가정을 나타낸다.

バスや地下鉄(ちかてつ)の忘れ物(わすれもの)はどこに取(と)りに行けばいいですか。 버스나 지하철의 분실물은 어디로 찾으러 가면 됩니까?

67

「その かわり？」

「ぞうの マスクを もって こい。」

「……？」

こまりました。言いだしたら、ないて あばれる 王さまです。大じんは、

「とにかく、ちゅうしゃを しましょう。」

と 言って、へやを 出ました。

ちゅうしゃを する 時、王さまは、今にも なきだし³ そうだった という ことです。

- ぞう　코끼리
- マスク(mask)　마스크
- もつ(持つ)　들다, 지니다
- 言(い)いだす　말을 꺼내다, 말을 시작하다
- ～たら　～하면, ～하자
- なく(泣く)　울다
- あばれる　날뛰다, 난폭하게 굴다
- とにかく　아무튼, 어쨌든 ＝ともかく
- へや(部屋)　방
- 出(で)る　나가다
- 今(いま)にも　당장이라도, 이내, 곧
- なきだす(泣き出す)　울기 시작하다
- ～ということだ　～라고 한다, ～라는 것이다 〈전해 들은 것을 말함〉

"그 대신?"

"코끼리 마스크를 가져 와."

"……?"

참 곤란하게 됐습니다. 말을 꺼내면 울면서 난폭해지는 임금님입니다. 대신은

"아무튼 주사를 놓겠습니다."

하고 말하고 방을 나갔습니다.

주사를 맞을 때, 임금님은 당장이라도 울기 시작할 것 같았다고 합니다.

3 　~だす　~기 시작하다 [동사 ます형+だす]
　　행동이나 동작의 시작을 나타낸다.

　　ゆうべ降りだした雨(あめ)が部屋(へや)の窓(まど)をたたく。
　　어젯밤 내리기 시작한 비가 방의 창문을 두드린다.

さて、こまりました。しかたが ありません。とくべつ 大(おお)きな マスクを 作(つく)って、王さまの ところへ、もって いきました。すると、王さまは 言うのです。

「大じんっ。マスクと いうのは、口(くち)にだけ 当(あ)てる ものか。これでは、ぞうの はなまで とどかないぞ。」

なるほど、そうです。

大じんは、しきりに あやまりました。だが、王さまはゆるしません。

- さて (다른 화제로 바꿀 때) 그런데, 그건 그렇고
- しかたがない 어쩔 도리가 없다, 방법이 없다
- とくべつ(特別) 특히, 특별히
- 大(おお)きな 커다란, 큰
- 作(つく)る 만들다
- ～のところ 사람을 나타내는 말에 이어져 그 사람이 살고 있는 집이나 장소를 나타냄
- すると 그러자, 그랬더니
- ～というのは ～라는 것은
- ～だけ ～만, ～뿐〈한정이나 한도를 나타냄〉
- 当(あ)てる 대다, 닿게 하다
- とどく 닿다, 미치다
- ～ぞ ～야, ～말이야〈대등한 관계나 손아랫사람에게 강하게 주장할 때 씀〉
- なるほど (듣던 바 대로) 과연, 정말
- しきりに 열심히, 자꾸만, 계속해서
- あやまる 사과하다, 잘못을 빌다 ＝わびる
- だが 하지만, 그러나 ＝しかし
- ゆるす 용서하다

이거 참 곤란해졌습니다. 할 수 없습니다. 특별히 커다란 마스크를 만들어 임금님께로 갖고 갔습니다. 그러자 임금님이 말하는 겁니다.

"(이 봐라) 대신!! 마스크라는 게 입에다만 대는 건가? 이걸로는 코끼리 코까지 닿지 않잖아."

과연 그렇습니다.

대신은 열심히 잘못을 빌었습니다. 하지만 임금님은 용서하지 않습니다.

「ぞうの マスクが だめなら⁴、さかなの 手ぶくろを もって こい。」

「……?」

こまりました。言いだしたら、うんと 言うまで きかない 王さまです。大じんと、おいしゃさんと、へいたいの たいちょうと、えらい おぼうさんと、けんきゅうじょの はかせが、いっしょに あやまりました。

「王さま。むりは 言わないで ください。」

「いかん。やくそくは やくそくだっ。」

- だめだ 불가능하다, 안 된다
- さかな(魚) 물고기
- 手(て)ぶくろ 장갑
- うん 응, 그래〈동등한 관계나 손아랫사람에게 씀〉
- きく 남의 말을 받아들이다, 말을 듣다
- へいたい(兵隊) 군대
- たいちょう(隊長) 대장
- えらい(偉い) 훌륭하다
- おぼうさん 스님
- けんきゅうじょ(研究所) 연구소
- はかせ(博士) 박사
- いっしょに(一緒に) 함께, 같이
- むり(無理) 무리, 무리한 일 〈むりを言う 무리한 말을 하다〉
- いかん 안 돼 〈금지나 비난을 나타냄 =いけない〉
- やくそく(約束) 약속

"코끼리 마스크가 안 된다면, 물고기의 장갑을 가져 와."

"······?"

참 난처하네요. 말을 꺼내면 '네' 하고 말할 때까지 듣지 않는 임금님입니다. 대신과 의사 선생님과 군대의 대장과 훌륭한 스님과 연구소의 박사님이 함께 용서를 빌었습니다.

"임금님. 무리한 말씀은 하지 말아 주십시오."

"안 돼! 약속은 약속이얏!!"

4 **~なら ~(이)라면** [동사·い형용사의 보통형, な형용사의 어간, 명사+なら]
가정 조건을 나타내는 표현 중의 하나로, 조건이 되는 절의 시간적인 제한을 받지 않는다.

金曜日(きんようび)が休(やす)みなら3連休(さんれんきゅう)になります。
금요일이 휴일이라면 3일 연휴가 됩니다.

どう あやまっても、だめ。

そろそろ、さっきの ちゅうしゃが きいて きた[5]のでしょうか。王さまは、だんだん 元気(げんき)に なって きました。そして、言うのです。

「さかなの 手ぶくろが なければ、空(そら)を とぶ にわとりを もって こい。」

「空を とぶ にわとりが なければ、きりんの えりまきだ。」

「何(なに)? ない? きりんの えりまきが ないと 言う なら、黄(き)みの 五つ(いつ) 入(はい)って いる たまごを もって こい。」

- どう〜ても　아무리 〜해도
- そろそろ　슬슬
- さっき　좀 전, 아까
- きく(効く)　효능이 있다, 듣다
- 〜でしょう　〜인 것일까요?, 〜인 걸까요?
  〈だろう의 공손한 표현〉
- だんだん　점점, 더욱더, 차츰
- そして　그리고
- 空(そら)　하늘
- とぶ(飛ぶ)　날다
- にわとり　닭
- きりん　기린
- えりまき　목도리, 머플러 ＝くびまき
- 黄(き)み　달걀 노른자 ↔ 白(しろ)み 흰자
- 入(はい)る　들어가다, 들어오다
- たまご　알, 달걀

아무리 사과해도 소용없습니다.

슬슬 좀 전의 주사가 효능이 나타나는 걸까요? 임금님은 점점 기운이 납니다. 그리고 말하는 겁니다.

"물고기 장갑이 없으면, 하늘을 나는 닭을 가져 와."

"하늘을 나는 닭이 없으면, 기린의 목도리야."

"뭐? 없다고? 기린의 목도리가 없다고 한다면, 노른자가 다섯 개 들어 있는 달걀을 가져와."

5 ～てくる ～어 지다, ~게 되다 [동사의 て형+くる]
조금씩 진행되어 차차 그런 상태로 되어 오는 것을 나타낸다.
空が明(あか)るくなってきました。 하늘이 밝아져 왔습니다.

「それも ないのか。それじゃあ、こおりの 海を およぐ わにで かんべんして やろう。」

王さまは、むりな ことを さがして いる ようです。

しまいには、ベッドの 上に おき上がって どなりました。大へんな 元気です。

「やい、大じんの うそつきめ。ちゅうしゃを すれば、何でも くれると 言ったのは、だれだ。」

「……。」

その 時、おいしゃさんが、にやりと わらいました。

- ☐ それじゃあ　그렇다면, 그러면〈それでは의 회화체를 길게 발음한 것〉
- ☐ こおり(氷)　얼음
- ☐ 海(うみ)　바다
- ☐ およぐ(泳ぐ)　헤엄치다, 수영하다
- ☐ わに　악어
- ☐ かんべんする　용서하다
- ☐ さがす　찾다
- ☐ しまい　끝, 마지막
- ☐ ベッド　침대
- ☐ おき上(あ)がる　일어나다, 일어서다
- ☐ どなる　호통치다, 고함치다
- ☐ やい　야, 애〈손아랫사람에게 씀〉
- ☐ うそつき　거짓말쟁이
- ☐ 〜め　〜놈, 〜녀석
- ☐ にやりと　빙긋, 히죽
- ☐ わらう(笑う)　웃다

"그것도 없어? 그렇다면, 얼음 바다를 헤엄치는 악어로 용서해 줄게."
임금님은 무리한 것을 찾고 있는 것 같습니다.
결국에는 침대 위에 일어나 앉아서 호통을 쳤습니다. 대단한 기력입니다.
"야~, 거짓말쟁이 대신!! 주사를 맞으면 뭐든지 준다고 말한 건 누구야?"
"……."
그때, 의사 선생님이 빙긋 웃었습니다.

(もう、ねつも 下(さ)がったようだ。そろそろ なおる ころだな。)

すると、王さまが、また、言いだしました。

「こおりの 海(うみ)の わにを くれないなら、くじらの ズボンは どうだ。」

そこで、おいしゃさんは、王さまに、こんな ことを 言いました。

「王さま、そんな つまらない ものより、もっと いい ものを あげましょう。」

「な、何だ。」

「さあ、あげますから、ねつを はかりましょう。」

- 下(さ)がる 내리다, 내려가다
- そろそろ 슬슬
- なおる(直る) 회복되다, 고쳐지다 〈病気が直る 병이 낫다〉
- ～ころ ～때, ～쯤
- そこで 그래서
- つまらない 시시하다, 하찮다, 보잘것없다
- ～より ～보다
- もっと 더, 더욱
- いい 좋다
- はかる (온도, 길이, 양 따위를) 재다

(이제 열도 내린 것 같군. 슬슬 나을 때가 되었군.)
그러자 임금님이 또 말을 꺼냈습니다.
"얼음 바다의 악어를 못 주겠다면, 고래의 바지는 어때?"
그래서 의사 선생님은 임금님께 이런 말을 했습니다.
"임금님, 그런 시시한 것 보다 더 좋은 것을 드리겠습니다."
"뭐, 뭔데?"
"자, 드릴 테니 열을 재겠습니다."

おいしゃさんは、さっと、たいおんけいを、王さまのわきの下に入れました。

「早く、くれ。」

「はい、もう しばらく。」

「まだか。」

「よろしい。けっこうです。さあ、いい ものを あげましょう。それは、王さまの じょうぶな 体です。」

「ふざけるな。そんな もの……。」

おいしゃさんは、たいおんけいを とりました。ちゅうしゃが、よく ききました。もう すっかり、もとの 体です。

- さっと　동작이 재빠른 모양, 재빨리, 순식간에, 날렵하게
- たいおんけい(体温計)　체온계
- わき　겨드랑이
- 入(い)れる　넣다
- 早(はや)く　빨리
- しばらく　잠시, 잠깐
- まだ　아직
- よろしい　좋다, 괜찮다 〈よい의 공손한 표현〉
- けっこうだ(結構だ)　좋다, 훌륭하다, 만족스럽다, 괜찮다
- じょうぶだ(丈夫だ)　튼튼하다, 건강하다
- 体(からだ)　몸, 신체
- ふざける　장난치다, 놀리다
- 〜な　〜(하)지 마라, 〜(하)지 마
- とる(取る)　빼다, 잡다
- すっかり　완전히
- もと(元)　이전, 원래

의사 선생님은 재빨리 체온계를 임금님의 겨드랑이 밑에 넣었습니다.
"빨리 줘."
"예, 잠시만."
"아직이야?"
"좋습니다. 됐습니다. 자, 좋은 것을 드리죠. 그것은 임금님의 튼튼한 몸입니다."
"장난치지 마. 그런 거……."
의사 선생님은 체온계를 뺏습니다. 주사가 잘 들었습니다. 이제 완전히 원래 몸 상태입니다.

おいしゃさんは 言いました。

「王さまは、くじらの ズボンが あれば、びょう気で いる ほうが いい[6] と おっしゃるんですか。それでは、ねつが 上がる ちゅうしゃを しましょう。うんうん うなって、しにそうに なったら、くじらの ズボンを あげましょう、ね。」

「……。」

王さまは、答えないで、ねむって しまいました。あしたは、元気に なりますね。

- びょう気(き)(病気) 병, 질환
- おっしゃる 말씀하시다 〈言う의 존경어〉
- 上(あ)がる 오르다
- うんうん 신음하는 모습, 끙끙
- うなる 신음하다, 끙끙거리다
- しぬ(死ぬ) 죽다
- 答(こた)える 대답하다
- 〜ないで 〜(하)지 않고
- ねむる 잠들다

의사 선생님은 말했습니다.
"임금님은 고래의 바지가 있다면, 병들어 있는 편이 낫다고 말씀하시는 겁니까? 그렇다면 열이 오르는 주사를 맞으시죠. 끙끙 신음소리를 내며 죽을 것 같이 되면 고래의 바지를 드리죠, 그러겠습니다."
"……."
임금님은 대답하지 않고 잠들어 버렸습니다. 내일은 건강해지겠죠.

6 〜ほうがいい 〜(하)는 것이 낫다, 〜(하)는 편이 좋다
[동사・い형용사의 보통형, な형용사な, 명사の＋ほうがいい]
일반적인 제안을 나타내는 표현으로 '〜쪽이 적당하다'라는 뜻을 나타낸다.

そのことについては知らないほうがいいですよ。
그 일에 대해서는 모르는 것이 좋아요.

✓ CHECK UP

지금까지 「くじらの ズボン」에서 익힌 표현들을 모았습니다.
내용을 상기하면서 풀어보고, 일반 회화에도 응용해 보기 바랍니다.

1 다음 그림을 보고 밑줄 친 곳에 알맞은 단어를 아래 ◯에서 골라 써 넣으세요.

보기　王さまが かぜを＿＿＿ ひきました。＿＿＿
　　　임금님이 감기에 걸렸습니다.

❶ 　三十九ども ねつが ＿＿＿＿＿＿＿＿
　　열이 39 도나 됩니다.

❷ 　王さま、むりは ＿＿＿＿＿＿＿＿ ないで
　　ください。 임금님, 무리한 말씀은 하지 말아 주십시오.

❸ 　もう ねつが ＿＿＿＿＿＿＿＿ ようだ。
　　이제 열도 내린 것 같다.

❹ 　ちゅうしゃが よく ＿＿＿＿＿＿＿＿
　　주사가 잘 들었습니다.

　　ひく　　きく　　言う　　ある　　下がる

2 다음 문장을 「〜ていく」와 「〜てくる」 중 알맞은 것을 골라 완성하세요.

보기　ずいぶん 寒く なって きましたね。 꽤 추워졌군요.

❶ 　子供の 歯が はえて ＿＿＿＿＿＿＿＿
　　아이 이가 났습니다.
　　[はえる 나다, 자라다]

❷  最近 この 雑誌を 読む 人が 増えて _____
　　さいきん　　　　ざっし　　　　　　　　　　ふ

최근 이 잡지를 읽는 사람이 많아 졌습니다. [増える 늘다 , 증가하다]

❸ 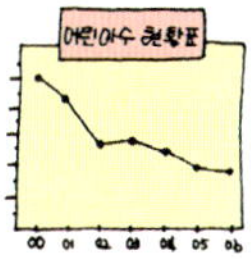 このままだと 韓国の 子どもの 数は だんだん 減って_____
　　　　　　　　　　　　　　　　　　かず　　　　　　へ

이대로라면 한국 어린의 수는 점점 줄어들겠지요. [減る 줄다 , 감소하다]

3 다음 그림을 보고 보기와 같이 충고해 주는 문장을 만들어 보세요.

> 보기 
> 勉強した ほうが いいです。[勉強する]

❶  この デパートは 高いですから
　　_____ ない ほうが いいですよ。
　[買う]

❷  風邪ですから うちで ゆっくり
　　かぜ
　　_____ ほうが いいです。
　[休む]
　　やす

❸  あぶないですから バイクは _____ ない ほうが いいです。
　[乗る]
　　の

ひっこして きた みさ

安藤美紀夫
あんどう み き お

「つまんないな。どうして、てんきんなんか あるのかな。」

みさは、だんちの 中の みちを あるきながら、ぽんと、小石を けとばしました。

- ひっこす 이사하다
- つまんない 심심하다, 시시하다 〈つまらない의 회화체〉
- 〜な 〜구나 〈감탄, 불평 등을 나타낸다 ＝なあ〉
- どうして 왜, 어째서
- てんきん(転勤) 전근
- 〜なんか 〜같은 것
- だんち(団地) 단지 〈한 장소에 통합하여 계획적으로 개발한 주택이나 공장 구역을 말함〉
- みち(道) 길
- あるく(歩く) 걷다, 거닐다
- ぽんと (가볍게 치는 소리) 탁 하고
- 小石(こいし) 돌멩이, 작은 돌
- けとばす 걷어차다

이사 온 미사

안도 미키오

"아, 심심해. 왜 전근 같은 게 있는 거야?"
미사는 아파트 단지 안의 길을 걸으면서 탁 하고 돌멩이를 걷어찼습니다.

おとうさんの てんきんが なければ、いまごろは、ひろくんや ちいちゃんと、いろんな ことが できたのに——。

「ひろくん、どう してるかな。」

ひろくんは、クラス一の あばれんぼうでした。でも、やさしい ところも あって、なき虫の ちいちゃんなどには、とても しんせつでした。

ところが、みさには ちっとも やさしくは ありませんでした。理ゆうも ないのに、かみのけを ひっぱったり、足ばらいを かけたり¹するのです。

- なければ　없으면, 없다면〈ない의 가정형〉
- いまごろ　지금쯤
- 〜や　〜하고, 〜랑〈사물을 열거할 때 씀〉
- 〜ちゃん　〜さん보다 친밀감을 나타내는 호칭
- いろんな　여러 가지〈いろいろな의 변한 말〉
- 〜のに　〜텐데, 〜인데
- クラス(class)　반, 학급
- あばれんぼう　개구쟁이
- やさしい(優しい)　상냥하다, 자상하다
- 〜ところ(〜所)　〜부분, 〜점
- なき虫(むし)　울보
- 〜など　〜등, 〜따위
- しんせつだ(親切だ)　친절하다
- ちっとも　(뒤에 부정 표현이 따르며) 전혀, 조금도 =すこしも
- 理(り)ゆう(理由)　이유
- かみのけ　머리카락
- ひっぱる　잡아당기다
- 足(あし)ばらいを かける　다리를 걸다〈足ばらい: 유도의 밭다리후리기 기술〉

아빠의 전근이 없었다면 지금쯤은 히로 군이랑 치이 짱하고 여러 가지를 할 수 있었을 텐데——.

"히로 군, 어떻게 지내고 있을까?"

히로 군은 반에서 제일가는 개구쟁이였습니다. 하지만 상냥한 구석도 있어서, 울보 치이 짱 같은 애들에게는 아주 친절했습니다.

그런데 미사에게는 전혀 친절하지 않았습니다. 이유도 없는데 머리카락을 잡아당기거나, 다리를 걸거나 하는 겁니다.

1 **〜たり〜たり 〜(하)기도 하고 〜(하)기도 하다** [동사의 た형+り]
번갈아 일어나는 사항을 서술할 때 쓰는 표현으로, 그 외의 동작도 있다는 암시를 준다. 뒤의 〜たり를 생략하는 경우도 있다.

子どもたちは2階(かい)に行ったり、下に降(お)りて来たりしながら遊(あそ)びました。 아이들은 2층에 가기도 하고 아래에 내려오기도 하면서 놀았습니다.

みさも、まけては いませんでした。まるっこい からだごと どんと ぶつかって、ひろくんを ひっくりかえして やった ことも ありました[2]。でも、大(だい)の なかよしでした。

　それに、あそび相手(あいて)には、トチも いました。白(しろ)い けが むくむくした 子犬(こいぬ)の トチは、みさが どこかへ 行(い)く ときには、いつも 小(ちい)さな しっぽを ぴょこぴょこ ふって、ついて きました。

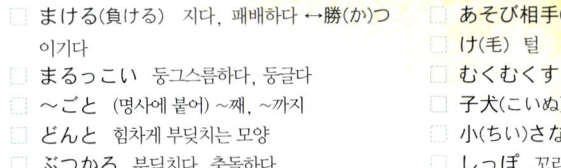

- まける(負ける)　지다, 패배하다 ↔勝(か)つ 이기다
- まるっこい　둥그스름하다, 둥글다
- ～ごと　(명사에 붙어) ～째, ～까지
- どんと　힘차게 부딪치는 모양
- ぶつかる　부딪치다, 충돌하다
- ひっくりかえす　넘어뜨리다, 뒤집다
- 大(だい)の　대단한
- なかよし　단짝친구
- あそび相手(あいて)　놀이친구
- け(毛)　털
- むくむくする　복슬복슬하다, 포동포동하다
- 子犬(こいぬ)　강아지
- 小(ちい)さな　작은, 자그마한
- しっぽ　꼬리
- ぴょこぴょこ　살랑살랑
- ふる(振る)　흔들다, 움직이다
- ついてくる　따라오다

미사도 지고 있지는 않았습니다. 동그스름한 몸 통째로 세차게 부딪쳐, 히로 군을 넘어뜨려 준 적도 있었습니다. 하지만 대단한 단짝 친구였습니다.

거기에 놀이친구로는 토치도 있었습니다. 하얀 털이 복슬복슬한 강아지 토치는, 미사가 어딘가에 갈 때에는 언제나 자그마한 꼬리를 살랑살랑 흔들며 따라왔습니다.

2 　~たこともある　~한 적도 있다　[동사 た형+こともある]
　　~たことがある의 강조 표현으로, 과거의 경험을 나타낸다. 부정 표현은 ~たことが(も)ない이다.

　　私は子どもの時、先生になりたいと思ったこともあります。
　　나는 어렸을 때 선생님이 되고 싶다고 생각한 적도 있습니다.

そのトチも、いまはいません。ひっこす時に、ひろくんにあげてきたのです。こんど、みさがひっこしてきたのは、大きなだんちの三がい*で、犬をかうことはできません。

「つまんないな。」

夕ぐれの、はるのだんちの西*の空は、うすももいろの夕やけでした。その時、だんちのはずれから、一ぴきの白い子犬がころころかけ出してくるのが見えました。

- あげる (내가 남에게, 남이 남에게) 주다
- こんど(今度) 이번, 다음
- 大(おお)きな 커다란, 큰 ↔ 小(ちい)さな 작은
- かう (동물을) 기르다, 사육하다
- 夕(ゆう)ぐれ 해질 녘, 황혼 = 日暮(ひぐ)れ 일몰
- はる(春) 봄
- 西(にし) 서, 서쪽
- うすももいろ 연분홍빛, 연복숭아빛
- 夕(ゆう)やけ 저녁노을 ↔ 朝(あさ)やけ 아침노을
- はずれ 변두리, 벗어난 곳
- ころころ 작은 것이 구르는 모양, 데굴데굴
- かけ出(だ)す 달려오다, 뛰기 시작하다
- 見(み)える 보이다

그 토치도 지금은 없습니다. 이사 올 때 히로 군에게 주고 온 것입니다. 이번에 미사가 이사해 온 것은 커다란 아파트 단지 삼 층으로, 개를 키울 수 없습니다.

"아, 따분해."
해질 무렵, 봄의 아파트 단지 서쪽 하늘은 연분홍빛 저녁놀이었습니다. 그때, 단지 바깥쪽에서 하얀 강아지가 한 마리 대굴대굴 달려오는 것이 보였습니다.

| ★ 一階 1층 いっかい | 六階 6층 ろっかい | 八階 8층 はっかい | 何階 몇 층 なんがい |
| ★ 東 동(쪽) ひがし | 南 남(쪽) みなみ | 北 북(쪽) きた | 東西南北 동서남북 とうざいなんぼく |

「あっ、トチ。」

みさは はしりよりました。もちろん、トチでは ありません。トチが いたのは、北海道です。うみを わたって、東京まで おっかけて くる わけが ありません³。

でも、みさが そばへ 行って、子犬を だき上げると、トチと おなじように、小さな しっぽを こまかく ふって、みさの かおを なめました。

「おまえの おうち、どこなの。まい子なの。まい子ふだ、もって ないの。」

- はしりよる(走りよる) 뛰어 다가가다
- もちろん 물론
- わたる(渡る) 건너다, 건너오다
- おっかける 뒤쫓다 〈おいかける의 변한말〉
- だき上(あ)げる 안아 올리다
- おなじように(同じように) 마찬가지로, 같게
- こまかい 잘다, 세심하다
- なめる 핥다
- おうち(お家) 집 〈お는 미화어〉
- まい子(ご) 미아
- まい子(ご)ふだ 미아가 되지 않도록 다는 이름표
- もつ(持つ) (몸에) 지니다, 휴대하다
- 〜の 〜니? 〜야? 〈끝을 올려 읽어 질문임을 나타냄〉

"앗! 토치!!"

미사는 뛰어서 다가갔습니다. 물론 토치는 아닙니다. 토치가 있던 곳은 홋카이도입니다. 바다를 건너 토쿄까지 뒤쫓아올 리가 없습니다.

그래도 미사가 곁으로 가 강아지를 안아 올리자, 토치와 마찬가지로 작은 꼬리를 살랑살랑 흔들며 미사의 얼굴을 핥았습니다.

"너 집 어디야? 집을 잃어버린 거야? 이름표 목걸이 안 갖고 있니?"

---

3 ~わけがない ~(을)리가 없다
[동사・い형용사의 보통형, な형용사＋わけがない]
그렇게 될 이유나 사정이 없다는 부정적인 확신을 나타낸다.

スピーチは前(まえ)もって練習(れんしゅう)しておかないと本番(ほんばん)でできるわけがない。 스피치는 미리 연습해 두지 않으면 실전에서 잘 될 리가 없다.

みさは、じゅうしょと電話ばんごうを書いた紙きれを、ちゃんと、スカートの ポケットに 入れています。だんちの じゅうしょは、とても おぼえにくい[4] のです。

「おまえは だめねえ。ポケット ないものねえ。」

その 時でした。

「こら。」

と、一人の 男の子が、ものすごい いきおいで かけてきて、みさの 前に 立ちはだかりました。

- じゅうしょ(住所) 주소
- 電話(でんわ)ばんごう 전화번호
- 書(か)く 쓰다
- 紙(かみ)きれ 쪽지, 종이 조각
- ちゃんと 확실하게, 틀림없이
- スカート (skirt) 스커트, 치마
- ポケット (pocket) 포켓, 주머니
- 入(い)れる 넣다
- おぼえる(覚える) 외우다, 기억하다
- ～ものね ～이니까, ～이므로 〈이유를 나타냄〉
- こら 야! 이놈!〈남을 꾸짖거나 책망할 때 씀, =こらっ〉
- ものすごい 매우 무섭다, 굉장하다, 대단하다
- いきおい(勢い) 기세, 힘
- かける 달리다, 뛰어가다
- 前(まえ) 앞
- 立(た)ちはだかる 가로막다, 막아 서다

미사는 주소와 전화번호를 쓴 쪽지를 확실하게 스커트 주머니에 넣어 두었습니다. 아파트 단지 주소는 너무 외우기 어렵습니다.

"넌 안 되겠구나. 주머니가 없으니까."

그때였습니다.

"야!!"

하고 한 남자 아이가 굉장한 기세로 달려 와 미사 앞을 가로막았습니다.

4 〜にくい 〜(하)기 어렵다 [동사의 ます형+にくい]
   의지를 나타내는 동사에 연결될 때에는 '〜하기 어렵다'는 뜻을, 비의지적인 동사에 연결될 때에는 '〜하게 될 가능성이 없다'는 뜻을 나타낸다.

   新聞(しんぶん)は文字(もじ)が小さくてお年(とし)よりには読みにくい。
   신문은 글씨가 작아서 노인이 읽기 어렵다.

ひろくんと おなじように、目が 大きくて、みさ
より すこし せいの たかい 子です。
　「シロを、どこへ つれて いくんだ。どろぼう。」
　「どろぼうとは なによ。あたしが、いつ、どろ
　ぼうしたのよ。」
みさは、子犬を 下に おくと、そらまめみたいな[5]
はなを つんと 上げて、言いかえしました。
　「やる 気か、おまえ。」

- ～より　～보다
- つれていく　데리고 가다, 데려가다
- どろぼう　도둑(질)〈どろぼうする 도둑질하다, 훔치다〉
- あたし　나〈여성어〉
- おく(置く)　놓다, 두다
- そらまめ　누에콩
- つんと　뚱하게, 새침하게
- 言(い)いかえす　말대답하다, 말대꾸하다, 항변하다
- やる気(き)　할 마음, 하고 싶은 기분

히로 군과 마찬가지로, 눈이 크고 미사보다 약간 키가 큰 아이입니다.
"시로를 어디로 데려가는 거야? 도둑 같으니라고."
"도둑이라니 무슨 소리야! 내가 언제 도둑질했다는 거야?"
미사는 강아지를 아래에 놓고는 누에콩 같은 코를 치켜올리며 대꾸했습니다.
"해 보겠다는 거야, 너!"

5 〜みたいだ 〜와 같다
  [동사・い형용사의 보통형, な형용사 어간, 명사+みたいだ]
  회화에서 많이 쓰는 표현으로, 비유와 추량을 나타낸다.

  季節(きせつ)の変(か)わり目(め)でかぜをひいたみたいです。
  환절기로 감기에 걸린 것 같습니다.

そう 言うが 早いか⁶、男の子は、みさの かたを、どんと 一つ つきました。みさも、まけずに、男の子のむねを つきかえして やりました。

「やったな、こいつ。」

「なによう。」

その 時、子犬が ワンワン ほえながら、二人の 足もとを かけまわりはじめました。

二人は、しばらく こわい かおを して、にらみあって いました。でも、子犬が、いっそう はげしく 足に からみついて くるので、男の子も みさも、思わず 子犬に 目を やりました。

- かた(肩) 어깨
- どんと 힘차게 부딪치는 모양, 힘껏, 충분하게
- つく(突く) 떠밀다, 찌르다
- むね(胸) 가슴
- つきかえす(突き返す) 되밀치다, 되찌르다
- ～てやる ～해 주다
- こいつ 이놈, 이 녀석
- ワンワン 개 짖는 소리, 멍멍
- ほえる 짖다, 으르렁거리다
- 足(あし)もと 발 밑, 발 주변, 신변
- かけまわる 이리저리 뛰어 돌아다니다
- こわい 무섭다
- にらみあう 서로 노려보다
- いっそう 더욱더, 한층 더
- はげしい 심하다, 격심하다
- からみつく 달라붙다, 얽혀 붙다, 휘감기다
- 思(おも)わず 무의식중에, 엉겁결에
- 目(め)をやる 눈길을 주다, 눈을 돌리다

그렇게 말하자마자 남자 아이는 미사의 어깨를 세게 한 번 밀었습니다. 미사도 지지 않고 남자 아이의 가슴을 되밀어 주었습니다.

"쳤어, 이게!"

"뭐라고?"

그때 강아지가 멍멍 짖으며 둘의 발 밑을 뛰어 돌아다니기 시작했습니다.

둘은 잠시 무서운 얼굴을 하며 서로 노려보고 있었습니다. 하지만 강아지가 더욱더 심하게 다리에 달라붙어 와, 남자 아이도 미사도 무심코 강아지에게 눈길을 주었습니다.

6 ～が早(はや)いか   ～(하)자마자, ～(하)자 바로   [동사 원형+が早いか]
동작의 동시 발생을 강조하여 나타내는데, 자연현상 등에는 쓰지 않는다.

彼は私の顔を見るが早いか声をかけました。
그는 내 얼굴을 보자마자 말을 걸었습니다.

このまま けんかを つづけると、子犬の しっぽを ふみつけたり、おなかを けとばしたり しそうです。二人は、子犬から 目を はなして、てれくさそうに かおを 見あわせました。

　男の子は 言いました。

　「おまえ、なんて いうんだ。」

　「あんたこそ、なんて いうのよ。」

　みさも、小さい 声で 言いました。

　男の子は、しんやくんと いって、だんちの すぐ そばの 農家の 子でした。

- このまま　이대로
- けんか　싸움, 다툼
- つづける(続ける)　계속하다
- ふみつける　짓밟다, 밟아 누르다
- おなか(お腹)　배
- 目(め)を はなす　눈을 떼다
- てれくさい　겸연쩍다, 멋쩍다, 쑥스럽다
- 見(み)あわせる　마주 보다
- ～なんて　뭐라고〈なにと의 변한말〉
- ～こそ　～야 말로
- 声(こえ)　(목)소리
- 農家(のうか)　농가

이대로 싸움을 계속하면 강아지 꼬리를 짓밟거나 배를 걷어차거나 할 것 같습니다. 둘은 강아지에게서 눈을 떼며 겸연쩍은 듯 얼굴을 마주 보았습니다.

남자 아이가 말했습니다.

"너, 뭐라고 불러?"

"너야말로 뭐라고 해?"

미사도 작은 소리로 말했습니다.

남자 아이는 신야라고 하고, 아파트 단지 바로 옆 농가의 아이였습니다.

みさは、ひっこしの こと、ひろくんの こと、トチの ことなどを 話しました。
　話して みると、しんやくんは、みさが これから かよう 学校の 二年生でした。
「ふうん。」
と、しんやくんは 言いました。
　それから、あわてて つけくわえました。
「だけど、こいつは シロで、トチじゃ ないぞ。」
「うん。でも、かわいい。だいても いい[7]。」
「いいよ。」

- これから　이제부터, 지금부터
- かよう(通う)　다니다, 왕래하다
- あわてる　당황하다, 허둥거리다
- つけくわえる　덧붙이다, 첨가하다
- だけど　하지만, 그렇지만 〈だけれどの 스스럼없는 말투〉
- かわいい　귀엽다
- だく(抱く)　안다

미사는 이사온 일, 히로 군에 관한 일, 토치에 관한 일 등을 이야기했습니다.

이야기해 보니 신야 군은 미사가 이제부터 다닐 학교의 2학년이었습니다.

"흐음."

하고 신야 군은 말했습니다.

그리고는 서둘러 덧붙였습니다.

"하지만, 이 녀석은 시로지 토치가 아니야."

"알아. 하지만 귀여워. 안아 봐도 돼?"

"좋아."

7 ～てもいい　～해도 좋다 [동사의 て형+もいい]
　　허락을 나타낸다.

　　美術館(びじゅつかん)では写真(しゃしん)をとってもいい作品(さくひん)とそうでない作品がある。 미술관에는 사진을 찍어도 되는 작품과 그렇지 않은 작품이 있다.

みさが、シロを だき上げると、シロは、また、みさのほっぺたを ぺろぺろと なめました。

「いやだあ、シロ。くすぐったいよう。」

それを 見て、しんやくんは 言いました。

「シロじゃ なくて、トチでも いいよ。」

「う、うん。おまえは、トチじゃ なくて、シロ だもんねえ。」

だんちの むこうの 夕やけが、二人の いる 上の空まで ひろがって きて いました。

- また 또
- ほっぺた 볼, 뺨 〈ほおべた의 변한말 =ほお〉
- ぺろぺろと 할짝할짝
- いやだ 싫다
- くすぐったい 간지럽다
- むこう(向こう) 저편, 맞은편
- ひろがる(広がる) 펼쳐지다, 넓어지다, 퍼지다

미사가 시로를 안아 올리자, 시로는 또 미사의 볼을 할짝할짝 핥았습니다.

"싫어, 시로. 간지러워~~~."

그걸 보고 신야 군이 말했습니다.

"시로가 아니라 토치라고 해도 괜찮아."

"아, 아니야. 너는 토치가 아니라 시로인걸."

아파트 단지 저편 저녁놀이 둘이 있는 위쪽 하늘까지 펼쳐져 오고 있었습니다.

지금까지「ひっこして きた みさ」에서 익힌 표현들을 모았습니다.
내용을 상기하면서 풀어보고, 일반 회화에도 응용해 보기 바랍니다.

1 아래 글을 읽고 질문에 맞는 답을 고르세요.

　一人の　男の子が、ものすごい　いきおいで　かけて　きて、みさの　前に　立ちはだかりました。ひろくんと　おなじように、目が　大きくて、みさより　すこし　せいの　たかい　子です。
「シロを、どこへ　つれて　いくんだ。どろぼう。」
「どろぼうとは　なによ。あたしが、いつ、どろぼうしたのよ。」
　みさは、子犬を　下に　おくと、そらまめみたいな　はなをつんと　上げて、言いかえしました。
「やる気か、おまえ。」
そう　言うが　早いか、男の子は、みさの　かたを、どんと　一つ　つきました。みさも、まけずに、男の子の　むねを　つきかえして　やりました。
「やったな、こいつ。」
「なによう。」
　その　時、子犬が　ワンワン　ほえながら、二人の　足もとをかけまわりはじめました。

❶ 남자 아이에 대한 설명으로 맞는 것은 어느 것입니까? (   )
　① ひろくんと おなじように 目が ちいさいです。
　② みさより すこし せいが たかいです。
　③ みさの ともだちです。
　④ みさより すこし せいが ひくいです。

❷ シロは 누구입니까? (   )
　① みさの 子犬です。
　② 男の子の 子犬です。
　③ みさの ともだちです。
　④ 男の子の ともだちです。

❸ 남자아이와 미사의 관계를 설명한 것 중 맞는 것은 어느 것입니까?
　(   )
　① みさと 男の子は とても なかが いいです。
　② 男の子は みさに とても 親切でした。
　③ みさは 男の子が 気に いりました。
　④ 男の子は みさに 「どろぼう」と いいました。

❹ 윗 글에서 강아지의 울음소리를 나타낸 말을 찾아 쓰세요.
　(　　　　　)

✅ CHECK UP

2 보기와 같이 「〜たり」를 넣어 문장을 완성하세요.

> 보기
> 男の子は 女の子の かみのけを <u>ひっぱったり</u>、足ばらいを <u>かけたり</u> しました。
> [ひっぱる 잡아당기다、かける 걸다]

❶ きのうは ＿＿＿＿＿＿＿、 ＿＿＿＿＿＿＿ しました。
[そうじする 청소하다、せんたくする 세탁하다]

❷ 大学で ＿＿＿＿＿＿＿、 ＿＿＿＿＿＿＿ しています。
[教える 가르치다、研究する 연구하다]
　　　　　　　　　けんきゅう

❸ ひまに なったら ＿＿＿＿＿＿＿、
＿＿＿＿＿＿＿ したいです。
[本を 読む 책을 읽다、散歩する 산책하다]
　　　　　　　　　　 さん ぽ

❹ 会議の 前に 資料を ＿＿＿＿＿＿＿、 ＿＿＿＿
かい ぎ　　　　しりょう
＿＿＿＿ して います。
[集める 모으다、コピーする 복사하다]
　あつ

3 다음 문장을 읽고 「〜ても いいですか」와 「〜ては いけませんか」를 넣어 대답에 알맞은 질문을 만드세요.

> 보기　A：ノートを　見ても　いいですか。
> 　　　B：いいえ、ノートを　見ては　いけません。

❶　A：＿＿＿＿＿＿＿＿＿＿＿＿＿＿＿＿＿＿＿＿＿＿＿＿。
　　B：ええ、どうぞ。今度の　日曜日　うちへ　遊びに　きて　ください。

❷　A：＿＿＿＿＿＿＿＿＿＿＿＿＿＿＿＿＿＿＿＿＿＿＿＿。
　　B：いいえ、運転を　する　時、お酒を　飲んでは　いけません。
　　　［運転 운전］

❸　A：＿＿＿＿＿＿＿＿＿＿＿＿＿＿＿＿＿＿＿＿＿＿＿＿。
　　B：ええ、この　絵には　さわらないで　ください。
　　　［絵 그림　さわる 만지다］

❹　A：＿＿＿＿＿＿＿＿＿＿＿＿＿＿＿＿＿＿＿＿＿＿＿＿。
　　B：いいえ、朝早く　お風呂に　はいっても　いいですよ。

王さま 出かけましょう

寺村輝夫
てらむらてるお

王さまのへやのまどの上に、ことしもつばめがやって来ました。つばめは、いっしょうけんめい巣を作り直しています。

　王さまは、気になります。ときどき、そっとのぞいたりします。

　「もうできたかな。」

と、勉強の時間になっても、よそ見ばかりしています。

임금님 떠나죠

테라무라 테루오

임금님 방 창문 위에 올해도 제비가 찾아왔습니다. 제비는 열심히 둥지를 다시 만들고 있습니다.

　　임금님은 걱정이 됩니다. 때때로 살그머니 엿보기도 합니다.
　　"이제 다 됐을까?"
하고 공부 시간이 되어도 한눈만 팔고 있습니다.

- まど(窓)　창 〈ガラスまど 유리창〉
- ことし(今年)　올해, 금년
- つばめ　제비
- やってくる　오다, 찾아오다
- いっしょうけんめい　열심, 열심임
- 巣(す)　(새·짐승·벌레·물고기 등의) 둥지, 집
- 作(つく)り直(なお)す　다시 고쳐 만들다, 개조하다
- 気(き)になる　걱정이 되다 〈気にする 신경 쓰다〉
- ときどき　가끔, 때때로
- そっと　살그머니, 몰래, 살짝
- のぞく　(좁은 틈으로) 엿보다, 들여다보다
- もう　이미, 벌써
- できる　(새로) 생기다, 성립되다
- よそ見(み)　한눈 팖, 곁눈질 〈よそ見をする 한눈을 팔다〉
- ～ばかり　～만, ～뿐

先生が、

「巣を こわして しまいますよ。」

と 言いました。

「だめだ。いかん。ぜったいに こわしちゃ だめだぞ。」

「では、もっと しっかり 勉強しなさい。」

という ぐあいでした。

つばめは、たまごを うみました。

やがて、ひなが かえりました。

「ピーピー、チーチー。」

- こわす 부수다, 허물다, 고장내다
- ぜったいに 절대로, 결코
- ～ちゃ ～해 버려서는〈～ては의 축약형〉
- では 그러면 =それでは
- もっと 더욱, 좀 더 =いっそう 한층, 더욱더
- しっかり (일・공부 등을) 열심히 하는 모양, 착실히, 열심히
- ～なさい ～(해)라, ～(하)시오〈동사 ます형에 이어져 명령을 나타냄〉
- ～という ～라고 하는
- ぐあい(具合) (어떤 일의) 정도, 형편
- うむ(生む) 낳다
- やがて 이윽고, 드디어
- ひな 병아리, 새끼 새 =ひよこ
- かえる 알이 부화하다

선생님이,
"둥지를 망가뜨려 버릴 거예요."
하고 말했습니다.
"안 돼. 안 돼, 절대로 망가뜨리면 안 돼."
"그럼, 더 착실히 공부하세요."
하고 말할 정도였습니다.
제비가 알을 낳았습니다.
드디어 새끼가 태어났습니다.
"삐~삐~, 찌~찌~"

親つばめが えさを もって くると、やかましい こと、やかましい こと。

でも、ひなが、大きく 口を あけて、えさを まっ て いるのは、かわいい ものです[1]。王さまは、毎日 巣を 見上げて いました。

「ひなが 大きく なるまで、勉強は お休みだ。」 とうとう、そんな ことを 言いだしました。

そのうちに、王さまは、がまんが できなく なっ て、かあさんつばめに ききました。

- 親(おや)つばめ 부모 제비
- えさ 먹이, 모이
- やかましい 떠들썩하다, 시끄럽다
- ～こと ～어라, ~네요 〈감동을 나타냄〉
- でも 하지만, 그러나 〈けれども, それでも의 준말〉
- 口(くち)をあける 입을 벌리다
- かわいい 귀엽다, 사랑스럽다
- 毎日(まいにち) 매일, 날마다
- 見上(みあ)げる 올려다보다
- お休(やす)み 쉼, 휴업
- とうとう 결국, 드디어 =結局(けっきょく)
- 言(い)いだす 말을 꺼내다, 말을 하기 시작하다
- そのうちに 머지않아, 곧, 가까운 시일 안에
- がまん 참음, 인내

엄마 아빠 제비가 먹이를 가져 오자, 떠들썩하기란, 떠들썩하기란.

하지만 새끼가 커다랗게 입을 벌리고, 먹이를 기다리고 있는 건 귀여운 법이지요. 임금님은 매일 둥지를 올려다보고 있었습니다.

"새끼가 자랄 때까지 공부는 쉴래."

결국 그런 말을 꺼냈습니다.

얼마 지나지 않아 임금님은 참을 수가 없게 되어 엄마 제비에게 물었습니다.

1 **～ものだ ~(하는) 법이다** [동사・い형용사의 기본형・ない형+ものだ]
보편적인 경향을 나타낸다.

そもそも研究(けんきゅう)というのは好奇心(こうきしん)からスタートするものである。 무릇 연구란 것은 호기심에서부터 출발하는 것이다.

「かわいい ひなを 一わ*くれないか。わしが、大事に そだてて やるよ。」

ところが、かあさんつばめは、

「だめです。王さまなら、ライオンや ぞうを そだてる ほうが おに合いですよ。」

王さまは、それも そうだと 思いました[2]。ライオンや ぞうの 赤ちゃんも、かわいいだろうな。

- ～わ(羽)　～마리 〈새나 토끼 등을 세는 조수사〉
- わし　나 〈남성 노인이 아랫사람에게 씀〉
- 大事(だいじ)に　소중하게, 소중히 ＝大切(たいせつ)に
- そだてる(育てる)　기르다, 키우다
- ～よ　강조나 다짐을 나타냄
- ところが　그러나, 그런데
- ～なら　～(이)라면, ～(이)다면
- ライオン　사자
- ～ほうが　～하는 편이, ～하는 쪽이
- に合(あ)う　어울리다, 걸맞다, 잘 맞다 〈おに合いのおは존경을 나타냄〉
- 赤(あか)ちゃん　아기, 갓난아기
- ～だろう　～겠지?, ～까? 〈추량・의문을 나타냄〉

"귀여운 새끼를 한 마리 주지 않겠어? 내가 소중하게 키워 줄게."
그러나 엄마 제비는,
"안 됩니다. 임금님이라면 사자나 코끼리를 키우는 쪽이 더 어울리세요."
임금님은 그도 그렇다고 생각했습니다. 사자나 코끼리의 아기도 귀엽겠지?

2 ～と思(おも)う ～라고 생각하다 [활용어의 종지형＋と思う]
   말하는 사람의 주관적인 판단이나 의견을 나타낸다.

   文句(もんく)を言う人はいないと思います。
   불평을 말하는 사람은 없으리라 생각합니다.

★ いちわ 한 마리	にわ 두 마리	さんば 세 마리
よんわ 네 마리	ごわ 다섯 마리	ろくわ・ろっぱ 여섯 마리
ななわ・しちわ 일곱 마리	はちわ・はっぱ 여덟 마리	きゅうわ 아홉 마리
じゅうわ 열 마리	なんば・なんわ 몇 마리	

「ライオンや ぞうは、どこに いるんだ。どこで 赤ちゃんを うむんだ。」
と きくと、つばめは、
　「わたしが、ここに 来る 前に いた ところに いたわ。アフリカよ。」
　「アフリカ。」
　王さまは、アフリカへ 行って みたく なりました。でも、アフリカが どこに あるのか 知りません。どうしたら 行けるのか、分かりません。

- 前(まえ)に 전에 ↔後(あと)で 나중에, 후에
- ～わ ～요〈어감을 부드럽게 해 주는 여성어〉
- アフリカ(Africa) 아프리카
- 知(し)る 알다, 인식하다
- どうしたら 어떻게 하면, 어찌하면
- 行(い)ける 갈 수 있다〈行く의 가능형〉
- 分(わ)かる 알다, 이해하다

"사자랑 코끼리는 어디에 있는 거야? 어디에서 아기를 낳는 거야?"
하고 물으니 제비는,

"제가 여기 오기 전에 있던 곳에 있었어요. 아프리카예요."

"아프리카?"

임금님은 아프리카에 가 보고 싶어졌습니다. 하지만, 아프리카가 어디에 있는지 모릅니다. 어떻게 하면 갈 수 있는지 모릅니다.

---

3 **〜たい 〜(하)고 싶다** [동사의 ます형+たい]
　희망을 나타낸다.

　一日(いちにち)も早くふるさとへ帰(かえ)りたい気持(きも)ちです。
　하루라도 빨리 고향에 돌아가고 싶은 마음입니다.

> ★ **知(し)る와 分(わ)かる**
> 知る나 わかる는 모두 '알다'란 뜻이지만 쓰임이 조금 다르다. 知る는 경험이나 지식을 갖고 있다는 의미로 사용되지만, 分かる는 어떤 사실에 대한 이해, 사물의 구체적인 내용, 의미, 실태를 파악하고 있다는 의미이다.

つばめの ひなは、もう とべる ように なりました[4]。そして、また、アフリカへ 帰る ころに なりました。

王さまは、つばめに 言いました。

「おい、つばめくん。わしを、アフリカへ つれてって くれ。」

「でも、王さまは いくじなしだから、きっと だめでしょうよ。」

「いや、だいじょうぶだ。どんな ことでも するよ。」

王さまは、アフリカへ つれて いって もらう[5] ことに きめました。

- とべる　날 수 있다 〈とぶ의 가능형〉
- そして　그리고
- ～ころ　～무렵, ～시절, ～때
- おい　어이, 이봐 〈친한 사이나 손아랫사람을 부르는 말〉
- いくじなし　패기가 없음, 또는 그런 사람
- つれてってくれ　데리고 가 줘 〈つれて行ってくれ의 회화체〉
- きっと　분명, 반드시
- ～でしょう　～이겠지요 〈～だろう의 공손체〉
- いや　아니 =いいえ
- だいじょうぶだ(大丈夫だ)　괜찮다, 걱정 없다
- ～ことにきめる　～하기로 결정하다, ～하기로 정하다

제비 새끼는 이제 날 수 있게 되었습니다. 그리고 또 아프리카로 돌아갈 무렵이 되었습니다.

임금님은 제비에게 말했습니다.

"어이, 제비 군. 나를 아프리카로 데려가 줘."

"하지만 임금님은 의지가 약해서, 분명 안 될 거예요."

"아냐, 끄떡없어. 무슨 일이든지 할게."

임금님은 (제비에게) 아프리카로 데려가 달라고 하기로 결정했습니다.

---

4 **～ようになる ～하게 되다** [동사 기본형+ようになる]
변화를 나타낸다.

交換留学生(こうかんりゅうがくせい)**としてアメリカの大学に留学できるようになりました。** 교환학생으로서 미국 대학에 유학할 수 있게 되었습니다.

5 **～てもらう （남에게）～해 달라고 하다, ～해 받다** [동사 て형+もらう]
남에게 어떤 행위를 하게 하여 자신이 득을 보는 표현이다.

お母さんにハンドバッグを買ってもらった。 엄마한테 핸드백을 사달라고 하여 받았다.

大きな ハンモックを 用意しました。

「これで よし。つばめの なかまが おおぜいで、ハンモックを 引っぱって とべば いい。」

つばめは、それを 見て、びっくり しました。

「王さま、何日も 何日も とぶのよ。おなかが すくわ。」

王さまは、

「いいよ。おべんとうを たくさん もって いくさ。」

コックさんに 言いつけて、おべんとうを 作らせました。おべんとうを ハンモックに のせて、

「さあ、行こう。」

- [ ] 大(おお)きな 커다란
- [ ] ハンモック(hammock) 해먹, 그물 침대
- [ ] 用意(ようい) 준비, 채비＝支度(したく)
- [ ] よし 좋다 〈결의・결단 등을 내릴 때 씀, よし、行くぞ。자, 가자!〉
- [ ] なかま(仲間) 친구, 동료
- [ ] おおぜい(大勢) 여러 사람, 많은 사람
- [ ] 引(ひ)っぱる 잡아 당기다, 끌다
- [ ] とべば 날면, 난다면 〈とぶ의 가정형〉
- [ ] びっくりする 깜짝 놀라다
- [ ] おなかがすく(お腹が空く) 배가 고프다
- [ ] おべんとう 도시락 〈お는 미화어〉
- [ ] たくさん 잔뜩, 많음
- [ ] ～さ ～이지, ～말이야 〈가볍게 단언하는 느낌을 나타냄〉
- [ ] コック 요리사
- [ ] 言(い)いつける 명령하다, 지시하다
- [ ] 作(つく)らせる 만들게 하다 〈作る의 사역형〉
- [ ] のせる 싣다, 태우다 ↔おろす 내리다, 내리게 하다
- [ ] 行(い)こう 가자 〈行く의 의지형〉

커다란 해먹을 준비했습니다.
"이걸로 됐어. 제비 친구가 여럿이니까 해먹을 잡아당겨서 날면 돼."
제비는 그것을 보고 깜짝 놀랐습니다.
"임금님, 며칠이나 며칠이나 나는 거예요. 배가 고플 거예요."
임금님은,
"알았어. 도시락을 잔뜩 가져갈게."
요리사에게 명령하여 도시락을 만들게 했습니다. 도시락을 해먹에 싣고,
"자, 가자."

つばめは 言いました。

「王さま、空の 上は さむいのよ。」

王さまは、

「そうかい。たくさん きて、ストーブも もって いくさ。」

家来に 言いつけて、ストーブを もってこさせ、ハンモックに のせました。そのうえ、セーターを 三まい きて、えりまきを 三まい、手ぶくろも 三まい。

- さむい(寒い) 춥다 ↔暑(あつ)い 덥다
- 〜かい 〜니?, 〜냐?〈친근하게 물을 때 씀〉
- きる (상의를)입다 ↔ぬぐ 벗다
- ストーブ(stove) 난로, 난방기구
- 家来(けらい) 신하, 부하
- こさせる 오게 하다〈来る의 사역형〉
- そのうえ 게다가, 그 위에
- セーター(sweater) 스웨터
- 〜まい 〜장〈얇고 평평한 것을 셀 때 쓰는 조수사〉
- えりまき 목도리, 머플러
- 手(て)ぶくろ 장갑

제비가 말했습니다.
"임금님, 하늘 위는 추워요."
임금님은,
"그래? 많이 입고 난로도 가져가야지."
신하에게 명령하여 스토브를 가져오게 해 해먹에 실었습니다. 게다가, 스웨터를 세 벌 입고, 목도리를 세 개, 장갑도 세 켤레.

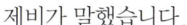

つばめは、心配に なって きました。

「とちゅうで、海を わたるのよ。」

「おちても だいじょうぶだよ。」

王さまは、へいたいに 言いつけて、ボートを もって こさせ、ハンモックにつみました。水着も、うきわも 用意しました。

つばめは、うんざりして きました。

「毎日、海ばかり 見て いたら、あきるわ。」

「テレビを のせて いくさ。本も もって いくよ。」

- 心配(しんぱい) 걱정, 염려〈心配になる 걱정이 되다, 염려가 되다〉
- ~てくる 조금씩 진행되어 차차 그런 상태로 되다, ~어 지다, ~게 되다
- とちゅう 도중〈途中下車(とちゅうげしゃ) 도중하차〉
- 海(うみ) 바다
- わたる(渡る) 건너다
- おちる(落ちる) 떨어지다
- へいたい(兵隊) 병사
- ボート(boat) 보트
- つむ(積む) 쌓다
- 水着(みずぎ) 수영복
- うきわ 물놀이 때에 몸을 띄우기 위한 기구, 튜브
- うんざりする 지긋지긋하다, 진절머리 나다
- ~ばかり ~만, ~뿐
- あきる 질리다, 싫증나다
- テレビ 텔레비전

제비는 걱정스러워졌습니다.
"도중에 바다를 건너요."
"떨어져도 괜찮아."
임금님은 병사에게 명령하여 보트를 가져오게 해 해먹에 실었습니다. 수영복도 튜브도 준비했습니다.
제비는 아연실색했습니다.
"매일 바다만 보고 있으면 질릴 걸요."
"텔레비전을 싣고 가지. 책도 가져갈 거야."

王さまは、すっかり　したくを　しました。

　ハンモックは、もう　いっぱいです。王さまの　すわる　ところが、やっと　空いて　いるだけでした。

　ところが、そのとき、雨が　ふって　きました。

　「おうい、大臣、かさを　もって　こい。」

　王さまは、かさを　さしました。

　「さあ、出かけるぞ。」

　ところが、そのとき、風が　ふいて　きました。

- すっかり　몽땅, 남김없이
- したく(支度)　채비, 준비
- すわる(座る)　앉다
- やっと　겨우, 간신히 ＝ようやく
- 空(あ)く　(공간이) 비다, 나다
- ～だけ　～뿐, ～만
- 雨(あめ)　비
- ふる(降る)　(비, 눈 등이) 오다, 내리다
- かさ(傘)　우산 〈傘をさす 우산을 쓰다, 傘を たたむ 우산을 접다〉
- 出(で)かける　나서다, 떠나다

임금님은 모든 준비를 마쳤습니다.

해먹은 벌써 가득 찼습니다. 임금님이 앉을 곳이 겨우 비어 있을 뿐이었습니다.

그런데, 그때, 비가 내려왔습니다.

"이봐, 대신! 우산을 가져 와."

임금님은 우산을 폈습니다.

"자, 떠난다."

그런데, 그때 바람이 불어 왔습니다.

あっという間に、かさが ふきとばされました。本が とばされました。ボートが テレビに ぶつかって、ガラスが われました。おべんとうが ひっくりかえって、中身が 出て きました。

風に のって、つばめが やって 来ました。たくさん たくさん とんで きました。

「王さま、出かけましょう。」

王さまは、あわてて、

「ま、まって くれ。

今、したくを やり直すから。」

- あっという間(ま)に　눈 깜짝할 사이에
- ふきとばされる　(바람이 불어) 날리다 〈ふきとばす(날려 버리다)의 수동형〉
- ぶつかる　부딪치다, 충돌하다
- ガラス(glas)　유리, 글라스
- われる　깨지다, 부서지다
- ひっくりかえる　(상하, 안팎의 위치가) 뒤집히다, 뒤바뀌다
- 中身(なかみ)　알맹이, 내용물
- あわてる　당황하다, 허둥대다
- やり直(なお)す　(처음부터) 다시 하다, 고쳐하다

눈 깜짝할 사이에 우산이 날려갔습니다. 책이 날려갔습니다. 보트가 텔레비전에 부딪혀 유리가 깨졌습니다. 도시락이 뒤집혀 음식물이 쏟아져 나왔습니다.

바람을 타고, 제비가 찾아왔습니다. 굉장히 많이 날아왔습니다.

"임금님, 떠나죠."

임금님은 당황하여,

"기, 기다려 줘. 지금 채비를 다시 할 테니까."

「まてないわ。つめたい雨が ふって きて、つめたい 風が ふいて きたら、わたしたちだって とべなく なるもの。」

「こまったなあ。どうしよう。」

「さあ、みんな、行きましょう。」

つばめが 行こうと するので、王さまは、しかたなく、

「じゃあ、来年 来る とき、ライオンの たまごと ぞうの たまごを、もって きて おくれ。わしが あたためて、大事に そだてるからね。」

「いいわ。もし 見つかったら、もって くるわね。」

つばめが、いっせいに とび立ちました。みんな、わらって いる みたいでした。

134

"기다릴 수 없어요. 차가운 비가 내려오고, 차가운 바람이 불어오면 우리들도 날 수 없게 되는 걸요."
"곤란한 걸. 어떻게 하지?"
"자, 모두 가요."
제비가 가려고 하니 임금님은 할 수 없이,
"그럼, 내년에 올 때, 사자 알하고 코끼리 알을 가져다 줘. 내가 품어서 소중하게 키울 테니까 말이야."
"알았어요. 만약 찾게 되면 가져올게요."
제비가 일제히 날아올랐습니다. 모두 웃고 있는 것 같았습니다.

- つめたい (冷たい) 차다 ↔ 暖(あたた)かい 따뜻하다
- ～だって ～라도, ～일지라도
- ～もの ～걸요, ~걸 뭐 〈불만·응석·호소 등을 나타냄, ＝もん〉
- ～とする ～(하)려고 하다
- しかたない 어쩔 수 없다, 할 수 없다
- 来年(らいねん) 내년
- あたためる 품다, 따뜻하게 하다
- もし 만약
- 見(み)つかる 찾게 되다, 발견되다, 들키다
- いっせいに 일제히
- とび立(た)つ 날아오르다, 날아가다

✅ CHECK UP

지금까지 「王さま 出かけましょう」에서 익힌 표현들을 모았습니다.
내용을 상기하면서 풀어보고, 일반 회화에도 응용해 보기 바랍니다.

---

1 다음 보기와 같이 주어진 동사의 가능형을 문장에 맞는 형태로 바꾸어 써 넣으세요. [정중체로]

> 보기
> つめたい 雨が ふって きて、つめたい 風が ふいて きたら、わたしたちだって <u>とべなく</u> なるもの。[とぶ 날다]

❶ この水は きれいなので _____。

[飲む 마시다]

❷ 田中さんは 日本人なのに 韓国の 歌が
かんこく　うた
_____。

[歌う 노래 부르다]
うた

❸ この車には 6人も _____。

[乗る 타다]
の

❹ 私は 夜コーヒーを 飲むと _____。

[ねむる 잠들다]

❺ この パンは 古いので _____。

[食べる 먹다]

2 다음 그림을 보고 각각의 상태에 알맞게 동사를 바꾸어 써 넣으세요. [정중체로]

보기 席が　＿あいて　います＿。
　　　せき

［席が　あく　자리가 비다］

❶  田中さんは ＿＿＿＿＿＿＿＿＿＿＿＿＿＿＿＿＿。

［結婚する　결혼하다］
　けっこん

❷ 車が ＿＿＿＿＿＿＿＿＿＿＿＿＿＿＿＿＿。
　くるま

［止まる　정차하다］
　と

❸ 窓が ＿＿＿＿＿＿＿＿＿＿＿＿＿＿＿＿＿。
　まど

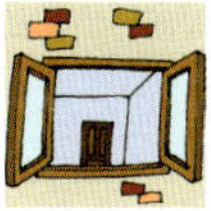

［開く　열다］
　あ

❹  お金が ＿＿＿＿＿＿＿＿＿＿＿＿＿＿＿＿＿。

［落ちる　떨어지다］
　お

❺  テレビが ＿＿＿＿＿＿＿＿＿＿＿＿＿＿＿＿＿。

［つく　켜다］

✅ CHECK UP

3 다음은 타나카 씨의 하루 일과표입니다. 그림을 보고 밑줄 친 곳에 알맞은 말을 써 넣으세요.

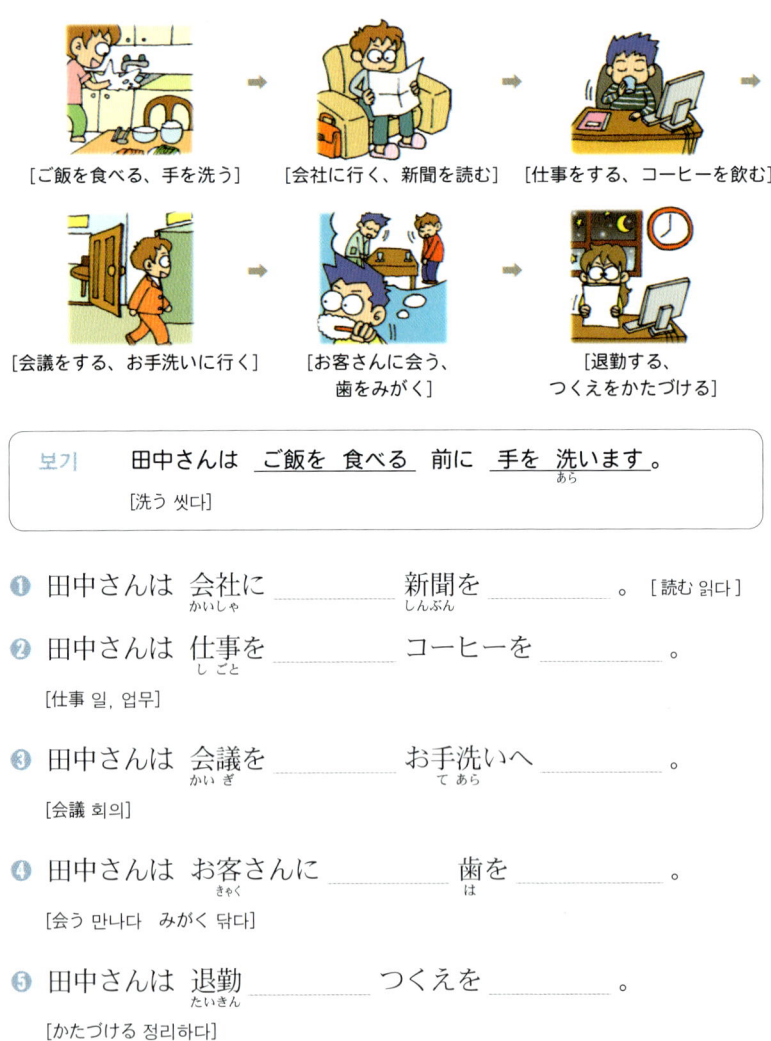

[ご飯を食べる、手を洗う]　[会社に行く、新聞を読む]　[仕事をする、コーヒーを飲む]

[会議をする、お手洗いに行く]　[お客さんに会う、歯をみがく]　[退勤する、つくえをかたづける]

> 보기　田中さんは　ご飯を　食べる　前に　手を　洗います。
> 　　　　　　　　　　　　　　　　　　　　　　　あら
> [洗う 씻다]

❶ 田中さんは　会社に ＿＿＿＿　新聞を ＿＿＿＿ 。[読む 읽다]
　　　　　　　かいしゃ　　　　　しんぶん

❷ 田中さんは　仕事を ＿＿＿＿　コーヒーを ＿＿＿＿ 。
　　　　　　　しごと
　[仕事 일, 업무]

❸ 田中さんは　会議を ＿＿＿＿　お手洗いへ ＿＿＿＿ 。
　　　　　　　かいぎ　　　　　　てあら
　[会議 회의]

❹ 田中さんは　お客さんに ＿＿＿＿　歯を ＿＿＿＿ 。
　　　　　　　きゃく　　　　　　は
　[会う 만나다　みがく 닦다]

❺ 田中さんは　退勤 ＿＿＿＿　つくえを ＿＿＿＿ 。
　　　　　　　たいきん
　[かたづける 정리하다]

CHECK UP 해답

해답 및 번역도 함께 실었습니다.

たけのこ ぐん・風

1
① きらり(と) | 이슬이 반짝하고 빛나고 있다.
② ぐん(と) | 쑥하고 키가 자라고 있다.

2
① 降りそうなので | 비가 올 것 같아 우산을 갖고 갔습니다.
② 3月なのに | 이미 3월인데 눈이 내리고 있습니다.
③ 暑いので | 방 안이 조금 더워 창문을 열었습니다.
④ 住んで いたのに
　| 그는 일본에 6년간이나 살았는데 일본어는 그다지 능숙하지 않습니다.

3
보기 | 타로 군은 저녁밥을 먹은 후에 이를 닦습니다.
① 英語の 勉強を した あと(で) 宿題を します。
　| 요시코 씨는 영어 공부를 한 후에 숙제를 합니다.
② 運動した あと(で) シャワーを 浴びます。
　| 카즈오 군은 운동을 한 후에 샤워를 합니다.
③ テレビを見た あと(で) 夕ごはんを 食べます。
　| 미나미 씨는 텔레비전을 본 후에 저녁밥을 먹습니다.
④ お風呂に 入った あとで 寝ます。
　| 스즈키 씨는 목욕을 한 후에 잡니다.
⑤ 日記を つけた あと(で) 寝ます。
　| 마이 씨는 일기를 쓴 후에 잡니다.

春の おつかい

1
①→④→②→③→⑤
① 산기슭은 이미 봄다워지고 있습니다.
② 아기 다람쥐는 좋은 생각이 떠올라 서둘러 산을 내려 갑니다.
③ 아기 다람쥐는 제비꽃을 입에 산속 오두막집을 향해 물고 서둘렀습니다.
④ 아기 다람쥐는 봄 공기를 가슴 가득히 들이마시고 있습니다.

⑤ 아기 다람쥐는 할아버지의 무릎 안으로 톡 하고 뛰어들고 있습니다.

2 보기 | 아기 다람쥐는 마치 봄을 채워 넣은 갈색 공 같습니다.
① キャンディーの | 하늘의 구름은 마치 사탕 같습니다.
② ねむい | 요시다 씨는 졸린 것 같습니다.
③ ひまな | 모두 한가한 것 같습니다.
④ お腹をこわした | 키무라 씨는 배탈이 난 것 같습니다.

草色の マフラー

1 보기 | 마을은 푸욱 눈에 파묻혀 버렸습니다.
① ぎしっぎしっと | 밤에는 집 전체가 삐걱삐걱 삐걱거립니다.
② ちょっぴり | 머위의 새순이 세 개, 녹기 시작한 눈 사이에서 빠끔 얼굴을 내밀고 있었습니다.
③ ぎゅっと | 이를 꽉 다물고 학교에 다닙니다.
④ きらっと | 바다는 반짝하고 풀빛으로 빛나는 것 같았습니다.
⑤ ざわざわ / ひらりと
| 자작나무들은 와삭와삭 웅성거리며 훌쩍 목도리를 돌려주었습니다.

2 보기 | 나   : 아, 배고파!
　　　　어머니 : 뭔가 만들어 줄까?
　　　　→ 어머니는 나에게 무언가 만들어 주었습니다.
① もらいました / あげました
| 야마무라 : 이 방 좀 덥네.
　　키무라   : 그래요? 창문을 좀 열까요?
　　→ 키무라 씨는 야마무라 씨를 위해 창문을 열어 주었습니다.
② あげました / もらいました
| 톰   : 아, 이 숙제 너무 어려워.
　　요시다 : 뭐야, 내가 좀 도와줄까?
　　→ 요시다 씨는 톰 씨의 숙제를 도와주었습니다.

❸ くれました / もらいました
　　나　　：죄송합니다만, 우에노 역은 어디입니까?
　　할머니 : 이 길을 곧장 가서….
　　→ 할머니는 나에게 길을 가르쳐 주었습니다.

3　❶ される
　　❷ はたらかれる
　　❸ いかれる
　　❹ かえられる
　　❺ こられる

4　보기 | 의사 선생님이 주사를 놓으려고 하고 있습니다.
　　❶ 飲もう | 타나카 씨는 물을 마시려고 하고 있습니다.
　　❷ のぼろう | 스즈키 씨는 언덕을 오르려고 하고 있습니다.
　　❸ ぬこう | 키무라 씨는 스즈키 씨를 앞지르려고 하고 있습니다.
　　❹ インタビューしよう | 아나운서는 어느 선수를 인터뷰하려고 하고 있습니다.

くじらの ズボン

1　❶ あります
　　❷ 言わ
　　❸ 下がった
　　❹ ききました

2　❶ きました
　　❷ きました
　　❸ いくでしょう

3　보기 | 공부하는 것이 좋아요.
　　❶ 買わ | 이 백화점은 비싸니까 사지 않는 것이 좋아요.

❷ やすんだ | 감기니까 집에서 느긋하게 쉬는 것이 좋습니다.
❸ 乗ら | 위험하니까 오토바이는 타지 않는 것이 좋습니다.

ひっこして きた みさ

1 ❶ ②
① 히로 군과 같이 눈이 작습니다.
② 미사보다 조금 키가 큽니다.
③ 미사의 친구입니다.
④ 미사보다 조금 키가 작습니다.

❷ ②
① 미사의 강아지입니다.
② 남자 아이의 강아지입니다.
③ 미사의 친구입니다.
④ 남자 아이의 친구입니다.

❸ ④
① 미사와 남자 아이는 매우 사이가 좋습니다.
② 남자 아이는 미사에게 매우 친절했습니다.
③ 미사는 남자 아이가 마음에 들었습니다.
④ 남자 아이는 미사에게 '도둑'이라고 말했습니다.

❹ ワンワン

2 보기 | 남자아이는 여자아이의 머리카락을 잡아당기기도 하고, 발을 걸기도 했습니다.
❶ そうじしたり、せんたくしたり。
| 어제는 청소하기도 하고 세탁하기도 했습니다.
❷ 教えたり、研究したり
| 대학에서 가르치기도 하고 연구하기도 하고 있습니다.
❸ 本を 読んだり、散歩したり
| 한가해지면 책을 읽기도 하고 산책하기도 하고 싶습니다.

❹ 集めたり、コピーしたり
　| 회의 전에 자료를 모으기도 하고 복사를 하기도 하고 있습니다.

3　보기 | A : 노트를 봐도 됩니까?
　　　　　 B : 아니오, 노트를 보면 안 됩니다.
❶ 今度の　日曜日、遊びに　行っても　いいですか。
　| A : 이번 일요일에 놀러 가도 돼요?
　　B : 네, 부디(오세요). 이번 일요일에 저희 집에 놀러 오세요.
❷ 運転を　する　時、お酒を　飲んでも　いいですか。
　| A : 운전을 할 때 술을 마셔도 돼요?
　　B : 아니요, 운전을 할 때, 술을 마셔서는 안 됩니다.
❸ この　絵に　さわっては　いけませんか。
　| A : 이 그림에 손을 대면 안 돼요?
　　B : 네, 이 그림에는 손대지 말아 주세요.
❹ 朝早く　お風呂に　はいっては　いけませんか。
　| A : 아침 일찍 목욕하면 안 돼요?
　　B : 아니요, 아침 일찍 목욕해도 돼요.

お王さま 出かけましょう

1　보기 | 차가운 비가 내려오고, 차가운 바람이 불어오면 우리들도 날 수 없게 되는 걸요.
❶ 飲めます | 이 물은 깨끗해서 마실 수 있습니다.
❷ 歌えます | 타나카 씨는 일본인인데도 한국 노래를 부를 수 있습니다.
❸ 乗れます | 이 차에는 6명이나 탈 수 있습니다.
❹ ねむれません | 저는 밤에 커피를 마시면 잘 수 없습니다.
❺ 食べられません | 이 빵은 오래되어서 먹을 수 없습니다.

2 보기 | 자리가 비어 있습니다.
  ❶ 結婚して います | 타나카 씨는 결혼했습니다.
  ❷ 止まって います | 차가 정차되어 있습니다.
  ❸ 開いて います | 창문이 열려 있습니다.
  ❹ 落ちて います | 돈이 떨어져 있습니다.
  ❺ ついて います | 텔레비전이 켜져 있습니다.

3 보기 | 타나카 씨는 아침을 먹기 전에 손을 씻습니다.
  ❶ 行く 前に / 読みます | 타나카 씨는 회사에 가기 전에 신문을 읽습니다.
  ❷ する 前に / 飲みます | 타나카 씨는 일을 하기 전에 커피를 마십니다.
  ❸ する 前に / 行きます | 타나카 씨는 회의를 하기 전에 화장실에 갑니다.
  ❹ 会う 前に / みがきます | 타나카 씨는 손님을 만나기 전에 이를 닦습니다.
  ❺ する 前に / かたづけます | 타나카 씨는 퇴근을 하기 전에 책상을 정리합니다.

마음에 깊은 감명을 남기는 문장, 꼭 기억해 두고 싶은 문장을 적어보세요.

著作者

武鹿悦子	たけのこぐん	죽순이 쑤욱
はたちよしこ	風	바람
佐々木たづ	春のおつかい	봄 소식
後藤竜二	草色のマフラー	풀빛 목도리
寺村輝夫	くじらのズボン	고래의 바지
安藤美紀夫	ひっこしてきたみさ	이사 온 미사
寺村輝夫	王さま出かけましょう	임금님 떠나죠

다락원 일한 대역문고 - 초급2
일본초등학교 2학년 국어교과서선
日本の小学校2年生の国語教科書選

지은이 武鹿悦子, はたち よしこ, 佐々木たづ, 後藤竜二, 寺村輝夫, 安藤美紀夫
역 주 김옥임, 백송종
펴낸이 정규도
펴낸곳 (주)다락원

초판 1쇄 발행 2007년 1월 5일
초판 15쇄 발행 2024년 6월 7일

책임편집 이경숙, 김윤희
디자인 서해숙
일러스트 윈일러스트

경기도 파주시 문발로 211
Tel: (02)736-2031 Fax: (02)732-2037
　　(내용문의: 내선 460~465 / 구입문의: 내선 250~252)
출판등록 1977년 9월 16일 제406-2008-000007호

Copyright© 2007, 武鹿悦子, はたち よしこ, 佐々木たづ, 後藤竜二, 寺村玲子, 安藤悦子

저자 및 출판사의 허락 없이 이 책의 일부 또는 전부를 무단 복제·전재·발췌할 수 없습니다.
구입 후 철회는 회사 내규에 부합하는 경우에 가능하므로 구입문의처에 문의하시기 바랍니다.
분실·파손 등에 따른 소비자 피해에 대해서는 공정거래위원회에서 고시한 소비자 분쟁 해결
기준에 따라 보상 가능합니다. 잘못된 책은 바꿔 드립니다.

ISBN 978-89-5995-299-1 18730　978-89-5995-296-0(set)

www.darakwon.co.kr
다락원 홈페이지를 방문하시면 상세한 출판 정보와 함께 동영상강좌, MP3 자료 등 다양한 어학 정보를 얻으실 수 있습니다.